Klaus G. Förg

Neuschwanstein und Hohenschwangau

Klaus G. Förg

Neuschwanstein und Hohenschwangau

Texte von Michael Rüffer

rosenheimer

Neuschwanstein, wie Ludwig II. es meist sah: bei Dunkelheit
Neuschwanstein – as Ludwig II usually saw it – after dark
Neuschwanstein, comme Louis II le percevait d'habitude: en obscurité
Neuschwanstein come apparve abitualmente a Ludovico II: di notte
ノイシュヴァンシュタイン城 – ルードヴィッヒ２世が見ていた城はたいていこのような闇の中でした
←

Hohenschwangau im Nebel – »ein wahres Feenschloss«
Fog over Hohenschwangau – a real fairy castle
Hohenschwangau au brouillard – un véritable château féerique
Hohenschwangau nella nebbia: un vero castello di fiabe
霧の中のホーエンシュヴァンガウ城 – 妖精の城

Inhalt

Contents

Marmorbüste König Ludwigs II. in Hohenschwangau
Marble bust of King Ludwig II in Hohenschwangau
Buste en marbre du roi Louis II à Hohenschwangau
Busto marmoreo del re Ludovico II nel castello di Hohenschwangau
ホーエンシュヴァンガウ城にあるルードヴィッヒ２世の大理石の胸像

König Ludwig II. von Bayern

Schloss Nymphenburg, in der Nacht vom 25. August 1845: Die Kronprinzessin Marie von Bayern, eine gebürtige Prinzessin von Preußen, bringt einen Sohn zur Welt. Es ist der Namenstag des heiligen Ludwig IX. von Frankreich und der Geburtstag König Ludwigs I. von Bayern – was liegt näher, als dem Neugeborenen den Namen Ludwig zu geben? Am folgenden Tag wird der zukünftige Thronfolger im Steinernen Saal zu Nymphenburg vom Erzbischof von München-Freising getauft. Niemand kann zu diesem Zeitpunkt ahnen, dass hier ein »Märchenkönig« heranwächst, dessen tragisches Ende bis heute die Gemüter bewegt.

Im Jahre 1848 folgt Kronprinz Maximilian seinem Vater Ludwig I. auf den bayerischen Thron – dessen Abdankung war nicht zuletzt wegen seiner Affäre mit der Tänzerin Lola Montez notwendig geworden. Maximilians ältester Sohn, der dreijährige Ludwig, wird zum Kronprinzen und muss sich einer fast überstrengen Erziehung fügen: Der vom Vater geforderte Lehrplan lässt dem jungen Prinzen kaum freie Zeit, seine Ernährung wird zur Abhärtung immer wieder knapp gehalten, und auch das Taschengeld ist alles andere als königlich.

Das Leben des kleinen Ludwig und seines jüngeren Bruders Otto verläuft überwiegend abgeschottet und weltfern. Ludwig flüchtet sich schon früh in seine Fantasie, er liebt es, sich zu verkleiden – erste Hinweise auf sein späteres Verhalten, als die Flucht vor der Öffentlichkeit und der Hang zu Theater und Theatralik zu befremdlichen Marotten werden. Auch seine Baulust ist schon früh erkennbar. Der Großvater, Ludwig I., schenkt dem siebenjährigen Kronprinzen Holzbausteine zu Weihnachten: »Zu bauen liebt er; vorzüglich, überraschend, mit gutem Geschmack sah ich Gebäude von ihm ausgeführt«, berichtet der abgedankte König stolz über seinen Enkel.

In seiner Kindheit und Jugend ist Ludwig mit seiner Familie im Sommer oft in den Bergen. Hohenschwangau, das Schloss seines Vaters Maximilian II., wird für ihn ein »Paradies der Erde«, wie er später einmal schreibt. Die Bergwelt im Südwesten Bayerns, die einsamen Jagdhütten und Schloss Berg am Starnberger See – hier findet Ludwig die Entsprechung zu seinem einzelgängerischen, scheuen Wesen.

Kaum mehr als ein halbes Jahr nachdem die königliche Familie in Hohenschwangau die Volljährigkeit Ludwigs feiert, tritt ein Ereignis ein, das den jungen Mann aus seinen Träumen in die politische Arena katapultiert: Am 10. März 1864 stirbt König Maximilian II. im Alter von nur 53 Jahren, ganz unerwartet nach kurzer Krankheit. Nun wird der Kronprinz als Ludwig II. König von Bayern. Eben noch im Begriff, ein Universitätsstudium zu beginnen, um für zukünftige Aufgaben besser vorbereitet zu sein, sieht sich Ludwig plötzlich mit den Regierungsgeschäften konfrontiert.

Mit Eifer geht der junge König an die ungewohnte Arbeit: Er ist früh auf den Beinen, studiert eifrig Akten, bildet das Regierungskabinett um. Die Minister sind verblüfft – sie hatten den jungen Monarchen unterschätzt!

Das Volk glaubt an eine glückliche Zukunft mit Ludwig II. Seine große, schlanke Gestalt – er ist etwa 1,91 Meter groß –, sein dunkles Haar, seine geheimnisvollen blauen Augen und sein hoheitsvolles Auftreten verschaffen ihm nicht nur in Bayern den Ruf eines »schönen, jungen Königs«.

Was nun noch fehlt, ist eine standesgemäße Heirat. Tatsächlich verlobt sich Ludwig Anfang 1867 mit Prinzessin Sophie, Herzogin in Bayern. Sie ist seine Cousine und die jüngere Schwester der Kaiserin Elisabeth »Sisi« von Österreich, der seelenverwandten Freundin Ludwigs. Wie der König schwärmt Sophie für Richard Wagner: Das Brautpaar schreibt sich Briefe, die – nach Figuren aus der Oper *Lohengrin* – mit »Elsa« und »Heinrich« unterzeichnet sind. Doch bereits im Oktober wird die Verlobung von Ludwig wieder gelöst: Er verspüre nicht die Liebe, »die zur Vereinigung in der Ehe erforderlich ist«, schreibt er seiner Braut. Damit ist das Thema Heiraten für den König erledigt.

Vaterfigur und »göttlicher Freund« Ludwigs bleibt zunächst Richard Wagner. Mit fünfzehn Jahren hatte der Kronprinz ein Schlüsselerlebnis: Er besuchte im Münchner Hof- und Nationaltheater eine Aufführung des *Lohengrin* von Wagner. Ludwig entflammte für den Komponisten und seine Werke. Kaum zum König geworden, wird er zu seinem größten Förderer, zeitweise auch zu einem engen Freund. Politische Ambitionen Wagners und äußerer Druck lassen die Freundschaft zunehmend abkühlen. Doch Ludwigs Fantasiewelt wird immer wieder von dem Komponisten und seinen Opern inspiriert: Tannhäuser, Lohengrin und Parsifal werden die Idole des Monarchen, die Leitfiguren für sein Königtum.

Seine Bestimmung als »König von Gottes Gnaden« nimmt Ludwig sehr ernst. Allerdings sind seine Vorstellungen von der uneingeschränkten Macht eines Monarchen unrealistisch und veraltet. Schon bald muss er erkennen, dass seine hoch gesteckten Ziele nicht zu erreichen sind. Bittere politische, diplomatische und militärische Niederlagen lassen ihn zusehends resignieren: 1866 verliert Bayern an der Seite Österreichs den Krieg gegen Preußen, 1871 wird das Land des jungen Königs in das neu gegründete deutsche Kaiserreich unter preußischer Führung eingegliedert. Damit ist Bayern seiner Selbstständigkeit und

Ludwig II. endgültig seiner politischen Illusionen von einem starken bayerischen Königtum beraubt. Der junge Monarch resigniert – und flüchtet sich vollends in seine geliebten Berge und die Opernwelt Wagners. In einem Brief an den Komponisten schreibt er: »Ich will mich der verdammten Höllendämmerung, die mich beständig in ihren qualmenden Dunstkreis reißen will, entziehen, um selig zu sein in der Götterdämmerung der erhabenen Berges-Einsamkeit, fern von dem ›Tage‹, dem verhassten Feind, fern von der Tages-Sonne sengendem Schein! Fern der profanen Alltagswelt, der heillosen Politik, die mit ihren Polypenarmen mich umschlingen will und jede Poesie so gern gänzlich ersticken möchte.«

Als Ludwig diese Zeilen verfasst, hat er schon begonnen, sich prächtige, einsam gelegene Zufluchtsstätten bauen zu lassen: Zunächst wird der Grundstein für Schloss Neuschwanstein gelegt, es folgen das Königshaus auf dem Schachen und Schloss Linderhof, später noch Schloss Herrenchiemsee. Nur Linderhof und das Königshaus wird der ständig in neuen Architekturfantasien schwelgende König fertig stellen. Die anderen Schlösser bleiben unvollendet.

Die Pracht, die sich hier entfaltet, ist nicht für ein Publikum gedacht – Ludwig meidet die Öffentlichkeit zunehmend. Er sieht sich unverstanden, allein gelassen mit seiner schwer zu tragenden Königsbürde. Die Bauten dienen der Anregung seiner Fantasie, der Flucht in seine Träume. Hier taucht er ein in die Welt Ludwigs XIV., die Heldentaten und Liebesabenteuer nordischer Sagengestalten, die Poesie des mittelalterlichen Minnesanges, die Exotik orientalischer Märchen, den Glanz des untergegangenen Byzanz. Das kostet den König enorme Summen, die er vor allem aus seiner Privatschatulle aufbringt. Diese Geldquelle ist ergiebig, aber nicht unerschöpflich. Immer mehr Schulden häufen sich an. Das Leben Ludwigs nimmt zunehmend seltsamere Formen an. Ab etwa 1875 schläft er meist am Tage und ist nachts wach. Gerne lässt er sich dann im elektrisch beleuchteten Galawagen – der im Winter zum Schlitten umgebaut wird – sechsspännig durch die Berge fahren. Aus dem ehemals gertenschlanken König wird eine aufgedunsene, düstere Gestalt. Die Kritik an ihm wird immer lauter, aber Ludwig ist dafür längst nicht mehr erreichbar: »Bauen, so wie fesselnde Lektüre und von Zeit zu Zeit Theater gehören doch immer zu den herrlichsten Genüssen«, schreibt er fünf Jahre vor seinem Tod in einem Brief. Die Genüsse und das träumerische Schwelgen in Idealen sind sein Lebensinhalt geworden, Regierungsgeschäfte hingegen längst lästige Nebensache. Dennoch kommt eine Abdankung für ihn nicht in Frage – eine Katastrophe bahnt sich an.

Im Jahr 1886 überschlagen sich die Ereignisse: Am 9. Juni wird der König aufgrund eines psychiatrischen Gutachtens für geisteskrank und regierungsunfähig erklärt; Prinz Luitpold, ein Onkel Ludwigs, übernimmt die Regentschaft, der abgesetzte König wird am 12. Juni in Schloss Neuschwanstein festgenommen und zur Internierung nach Schloss Berg gebracht. Am nächsten Tag ist Ludwig tot: Man findet seine Leiche und die seines Bewachers, des Psychiaters Dr. Bernhard von Gudden, im Starnberger See. Die beiden waren von einem gemeinsamen Spaziergang nicht mehr zurückgekehrt – die genauen Umstände ihres Todes sind bis heute nicht geklärt. Ein Kreuz im See erinnert an die Stelle, wo das Leben des erst vierzigjährigen Königs sein tragisches Ende fand.

Wenn es nach Ludwig gegangen wäre, hätte man alle Schlösser nach seinem Tod in die Luft sprengen müssen – er wollte seine Heiligtümer nicht durch Publikum entweiht wissen. Doch seine Bauten blieben stehen und wurden nach ihrer Öffnung schnell zu Besuchermagneten. So erleben heute Millionen Menschen aus aller Welt die fantastische Traumwelt des unglücklichen Königs.

King Ludwig II of Bavaria

On August 25, 1845, Crown Princess Marie of Bavaria gave birth at Nymphenburg Palace to a son who next day was christened Ludwig, subsequently known as "the Fairytale King". The heir to the throne spent his childhood far from reality, and early on, Ludwig escaped into a world of fantasy. He only felt happy at his father's castle in Hohenschwangau.

In 1864 Ludwig succeeded his father, Maximilian II, and became King of Bavaria. Forced to accept bitter political and military defeat, he escaped into the world of Richard Wagner's operas and became his greatest patron. Tannhäuser, Lohengrin and Parsifal were Ludwig's idols. He built places of refuge: Neuschwanstein Castle first, and later the Linderhof and Herrenchiemsee Palaces, but the enormous building costs meant increasing debts. Ludwig's behaviour became more and more strange; he slept in the daytime and was up at night.

In 1886 the King was declared mentally ill and unable to reign: he was arrested at Neuschwanstein and taken to Berg Palace on June 12, 1886. The following day Ludwig was found dead. The exact circumstances have never been clarified to this day, but a cross marks the spot in the Lake at Starnberg where the 40-year-old King met his tragic end.

Le roi Louis II de Bavière

Au château de Nymphenburg la princesse Marie de Bavière mit au monde le 25. août 1845 un fils qui sera baptisé le jour suivant: Louis, le futur «roi de légende». Très tôt il s'échappe dans son monde fantastique. Seul à Hohenschwangau, dans le château de son père Maximilien II, il se sent à l'aise. C'est ici son paradis sur terre. En 1864 Louis devient le roi de Bavière. Mais il faut qu'il assume des défaites politiques et militaires importantes, qui le font renoncer de plus en plus. Il cherchera la fuite dans le monde de l'opéra de Richard Wagner, dont il deviendra le mécène principal. Tannhäuser, Lohengrin et Parcifal sont les idoles du monarque. Louis se construit des lieux de refuge: Après avoir posé la première pierre pour le château de Neuschwanstein, suivront entre autres les châteaux de Linderhof et Herrenchiemsee. Les frais de construction augmentent sans cesse et provoquent des dettes importantes. Le comportement de Louis devient de plus en plus étrange, il dort la journée pour se réveiller la nuit. En 1886 on déclare le roi faible d'esprit et ainsi incapable de gouverner, et on l'arrête le 12 juin au château de Neuschwanstein pour l'emmener au château de Berg. Le jour suivant le roi est mort, les circonstances exactes de sa mort sont inexpliquées jusqu'à nos jours. La croix dans le lac de Starnberg mémorise l'endroit où, à quarante ans, la vie du monarque a pris fin tragiquement.

Ludovico II re di Baviera

Il 25 agosto del 1845 la principessa Marie di Baviera diede alla luce un figlio che, nello stesso giorno, venne battezzato col nome di Ludovico, soprannominato più tardi «il Re delle favole». La vita del giovane principe scorse lontano dal mondo. La sua educazione fu rigorosa. Ludovico cercò ben presto rifugio nella propria fantasia. Solo nel castello di suo padre Massimiliano II (Hohenschwangau) si sentì a suo agio. Questa dimora rappresentava per lui un «Paradiso in terra». Nel 1864 Ludovico diventò re di Baviera. Ma si trovò a dover subire amare sconfitte, che lo costrinsero alla rassegnazione. Il mondo delle opere di Richard Wagner, di cui diventò il più grande sostenitore, gli fornì un buon rifugio mentale. Tannhäuser, Lohengrin e Parsifal diventarono gli idoli del monarca. Per concretizzare questo mondo fantastico, fece posare la prima pietra per la costruzione del castello di Neuschwanstein. Seguirono poi gli altri castelli tra cui Linderhof e Herrenchiemsee. Ma i costi furono enormi e produssero debiti sempre più onerosi. Ludovico cominciò a comportarsi in maniera sempre più strana. Infine nel 1886 venne dichiarato malato di mente e incapace di governare. Il 12 giugno venne preso di forza. Il giorno successivo aveva misteriosamente cessato di vivere. Una croce, nel lago di Starnberg, ricorda il punto in cui la vita del re trovò la sua tragica fine.

バイエルン王ルードヴィッヒ２世

1845 年 **8** 月 **25** 日、ニュンフェンブルク城で皇太子妃マリー・フォン・バイエルンが後の「メルヘン王」ルードヴィッヒを出産します。ルードヴィッヒは早くから空想の世界に逃避する傾向があり、父マクシミリアン２世の城ホーエンシュヴァンガウのみが、唯一くつろげる場所でした。彼にとってそこは「地上の楽園」だったのです。

1864 年にルードヴィッヒはバイエルン王に即位しますが、政治的にも軍事的にも苦い敗北を味わわねばならず、早々に諦念を抱きます。こうしてリヒャルト・ヴァーグナーのオペラに耽溺、ヴァーグナーの熱狂的な後援者となるのです。彼はまた自分でも隠れ家を造りました。ノイシュヴァンシュタイン城をはじめ城の建設が続きますが、膨大な建設費用のために負債は増大する一方でした。ルードヴィッヒの行動はますます奇態になり、夜行型の生活を送るようになります。

1886 年、国王は精神病のため政権担当能力なしと診断され、**6** 月 **12** 日にノイシュヴァンシュタイン城で捕らわれた後、ベルク城に送られます。翌 **13** 日に死亡するのですが、彼の死についてはいまだに謎につつまれたままです。

Schloss Neuschwanstein

Im Juni 1867 lassen sich drei Fremde durch die Räume der Wartburg bei Eisenach führen: Ludwig II., sein Bruder Otto und ein Adjutant. Um die gerade wiederhergestellte und neu gestaltete »Tannhäuser-Burg« zu besichtigen, ist man inkognito nach Thüringen gereist. Der König ist tief beeindruckt – und träumt vom Bau einer »mittelalterlichen« Burg zu Hause in Bayern, mit einem großen Festsaal und Wandmalereien à la Wartburg. Etwa ein Jahr später schreibt er an Richard Wagner: »Ich habe die Absicht, die alte Burgruine Hohenschwangau bei der Pöllatschlucht neu aufbauen zu lassen im echten Stil der alten deutschen Ritterburgen.« Ludwig meint damit nicht das väterliche Schloss, sondern die benachbarten alten Burgruinen Vorder- und Hinterhohenschwangau – ein geschichtsträchtiger, authentischer Ort für einen Neubau. Den widmet der König zwar seinem »göttlichen Freund« Wagner. Doch der Komponist wird das Schloss nie betreten, nachdem die ungleiche Freundschaft mit Ludwig immer distanzierter wird und Wagner schließlich – ein Jahr bevor die Wohnräume des Königs fertig gestellt werden – in Venedig stirbt.

Die ersten Ideen für die Gestaltung des Baus liefert ein Theatermaler – die neue Burg soll vor der traumhaften Kulisse der Berge möglichst effektvoll aussehen. Immer imposanter werden die Entwürfe, schließlich wird die von Ludwig ausgewählte Variante vom königlichen Hofbaudirektor in Pläne umgesetzt. Der Bauplatz »auf steiler Höh', umweht von Himmelsluft« ist »einer der schönsten, die zu finden sind, heilig und unnahbar«, schreibt Ludwig. Dem Zauber dieses Ortes kann sich auch heute noch kaum ein Besucher entziehen

Am 5. September 1869 wird der Grundstein zur »Neuen Burg zu Hohenschwangau« gelegt – erst nach König Ludwigs II. Tod erhält die Burg den Namen »Schloss Neuschwanstein«. Um für den gewaltigen Neubau genug Platz zu erhalten, werden die beiden mittelalterlichen Burgruinen abgetragen und Teile des Felsens weggesprengt. Die ungeheueren Mengen an Material befördert ein Dampfmaschinenkran hinauf zur Baustelle, die Verteilung erfolgt über ein Schienensystem. Durchschnittlich 200 Arbeiter sind mit der Errichtung des Schlosses beschäftigt.

Ludwig ist ein ungeduldiger Bauherr. Unerbittlich treibt er zur Eile an, prüft gewissenhaft jedes Detail, fordert das Äußerste von allen Beteiligten. Trotzdem kann das Werk nicht vollendet werden – am 13. Juni 1886, seinem Todestag, ist Neuschwanstein noch immer eine Baustelle: Es fehlt der vorgesehene gigantische Bergfried mit einer Kapelle im untersten Geschoss; das Kemenaten-Gebäude wird erst nach Ludwigs Tod vereinfacht ausgeführt; im Palas – dem Hauptbau, in dem sich die Wohnung des Königs befindet – ist die geplante Innenausstattung nur teilweise vollendet. Gerade hier hatte der Monarch allerhöchste Ansprüche gestellt, bestehende Pläne immer wieder verworfen und neu ausarbeiten lassen und damit die Kosten in die Höhe getrieben.

Das Bildprogramm in den Wohnräumen und Sälen ist von Richard Wagners Opern inspiriert. Allerdings will Ludwig mehr als nur eine Umsetzung von Bühnenwerken des Komponisten in Bilder: Ein Literaturhistoriker hat aus den von Wagner verwendeten mittelalterlichen Schriftquellen passende Vorlagen herauszusuchen, ein Konzept zu erstellen und die geeigneten Künstler vorzuschlagen. Diese können – ebenso wie die beteiligten Architekten und Handwerker – die von Ludwig II. meist willkürlich festgesetzten Fertigstellungstermine teilweise nur in angestrengter Tag- und Nachtarbeit einhalten.

Auch als Torso ist Neuschwanstein überwältigend, geradezu unwirklich. Wie eine Fata Morgana ragt die Burg aus dem Wald auf. Je weiter man sich ihr nähert, umso erstaunter nimmt man die eindrucksvollen Dimensionen der hoch aufragenden Kalksteinmauern und zinnenbewehrten Türme wahr.

Wer den steilen Schlossberg zu Fuß, per Kutsche oder im Minibus erklommen hat, tritt durch den rot gefassten Torbau in den unteren Schlosshof. Von dort steigt man über eine Treppe, den massigen Viereckturm zur Rechten, in den oberen Schlosshof. Hier steht der Besucher dem mächtigen Palas gegenüber, der von Kemenate und Ritterbau umrahmt wird. Eine opernhafte Kulisse – dieser Gedanke drängt sich dem Betrachter unwillkürlich auf. Tatsächlich diente ein Bühnenbild zu Richard Wagners Oper *Lohengrin* als Vorlage für die Gestaltung des Schlosshofs.

Im Inneren des Palas taucht man endgültig ein in die Traumwelt Ludwigs II. Zahllose Gestalten aus Geschichte und Literatur bevölkern in farbenprächtigen Wandbildern die Räume: Wir sehen Helden und Heilige, die gegen das Böse kämpfen, Ritter, die den heiligen Gral hüten, treffen auf Minnesänger, die über die Reinheit der Liebe dichten – und immer wieder begegnet uns der Schwan, das persönliche Wappentier des Königs.

Neuschwanstein Castle

Ludwig dreamed of a medieval castle with a banqueting hall and murals like at Wartburg in Thuringia. So the King decided "to have the ruins of the Hohenschwangau Castle near the Pöllat Gorge rebuilt in the true style of the old German knights' castles". A theatrical artist came up with the initial ideas on how the building should look, namely, as impressive as possible. In fact, even today hardly anyone can escape the magic of the place. The foundation stone for the "New Castle at Hohenschwangau" was laid in 1869. In order to obtain enough ground, the ruins of both medieval castles were removed and parts of the cliff were blasted. Ludwig was an impatient builder, relentlessly hurrying everything along, checking every detail. Nevertheless, on the day he died, Neuschwanstein was still a building site. Richard Wagner's operas were the inspiration for the pictures in the living rooms and halls. Endless figures from history and literature populate the rooms in gloriously colourful murals: heroes and saints struggling against evil, minstrels singing of love's purity, and always the swan – the king's personal emblem.

Le château de Neuschwanstein

Louis rêve d'une forteresse médiévale, avec une grande salle de fêtes et des peintures murales à la Wartburg en Thuringe. Le roi décide: «...la reconstruction d'une ruine ressemblant aux châteaux forts des vieux chevaliers germaniques près des gorges de la Pöllat à Hohenschwangau.» Il faisait allusion aux vieilles ruines de Vorder- et Hinterhohenschwangau. Les premières idées pour la conception du bâtiment viennent d'un artiste-décorateur de théâtre – il fallait que tout soit le plus spectaculaire possible.

Et effectivement même de nos jours on ne peut se priver de la magie de ces lieux. La pose de la première pierre du nouveau château fort de Hohenschwangau fut en 1869. Le chantier demande beaucoup de place et on va démolir les deux vieilles ruines médiévales ainsi que niveler le terrain en faisant sauter le rocher.

Louis est un maître d'ouvrage impatient. En toute hâte il examine chaque détail. Néanmoins lors de sa mort, la construction de Neuschwanstein se trouve toujours en chantier. Les scènes pittoresques dans les salons sont inspirées des opéras de Richard Wagner. De nombreux personnages de l'histoire et de la littérature peuplent les peintures murales multicolores des différentes pièces: héros et saints luttant contre le mal, troubadours déclamant poétiquement la pureté de l'amour – et chaque fois on retrouve le cygne, animal emblématique personnel du roi.

Castello Neuschwanstein

Ludovico sognava un castello medioevale con una grande sala per le feste con dipinti alle pareti sul tipo di Wartburg in Turingia. Decise pertanto di ricostruire le rovine del castello di Hohenschwangau secondo il vero stile dei castelli feudali tedeschi. La prima idea per la configurazione di questa opera gli venne data da un pittore di teatri. Tutto doveva apparire di grande effetto. Infatti ancora oggi il visitatore non può sottrarsi alla magia di questi posti incantevoli. Nel 1869 venne posata la prima pietra del nuovo castello. Ludovico fu un costruttore impaziente. Sollecitava affinchè tutto avvenisse in fretta; controllava ogni dettaglio, ma ciò nonostante nel giorno della sua morte Neuschwanstein era ancora un cantiere aperto. I quadri e le immagini nelle camere e nei saloni sono tutti ispirati alle opere di Richard Wagner. Innumerevoli figure, tratte dalla storia e dalla letteratura, popolano le pareti delle stanze con smaglianti colori. Eroi e santi che combattono contro il maligno. Trovatori che poetizzano sulla purezza dell'amore e sempre di nuovo ci viene incontro il cigno, l'animale che adorna lo stemma personale del re.

ノイシュヴァンシュタイン城

ルードヴィッヒは、大きな祝宴の間とチューリンゲンのヴァルトブルク城の壁画のある「中世の城」の夢を見ます。そして「ペラート峡谷のホーエンシュヴァンガウ城廃虚を、古きドイツの騎士城の様式で再建させる」ことにしたのです。ここで廃虚と言われているのは、フォルダーホーエンシュヴァンガウとヒンターホーエンシュヴァンガウの廃虚のことです。建築にあたって、舞台背景画家が最初の構想を出したのですが、すべてを可能な限り効果的に見せることを旨としていました。実際今日でも、訪れる人はこの城の魔力に抗することができません。**1869** 年には「ホーエンシュヴァンガウ新城」の礎石が置かれます。新築に十分な場所を確保するために、中世の廃虚は双方とも壊され、岩山は一部爆破されます。ルードヴィッヒはせっかちな依頼主でした。細部にこだわり、容赦なく仕事を急がせました。にもかかわらず、彼が亡くなったときもノイシュヴァンシュタイン城はまだ完成を見ていなかったのでした。住居部分や柱の絵はリヒャルト・ヴァーグナーのオペラに着想を得たものです。鮮やかな壁画には、数々の歴史・文学上の形象がつどっています。悪と戦う英雄や聖人、純粋な愛を歌う宮廷歌人、そして繰り返し姿を見せるのが、王の紋章に付いている白鳥です。

Schloss Neuschwanstein – eine Fata Morgana im Gebirge?
Neuschwanstein Castle – a mirage in the mountains?
Le château de Neuschwanstein – un mirage en montagne?
Castello di Neuschwanstein – una Fata Morgana in montagna?
ノイシュヴァンシュタイン城 －山の中の妖精？
←

Neuschwanstein: der »Rote Gang« im 1. Obergeschoss
Neuschwanstein: the "Red Corridor" on the first floor
Neuschwanstein: le «couloir rouge» au premier étage
Castello di Neuschwanstein: Il corridoio rosso («Roter Gang») al primo piano
ノイシュヴァンシュタイン城 － ２階の「赤い廊下」

Gewölbemalereien im »Roten Gang«
Painted vaulted ceiling in the Red Corridor
Voûtes peintes dans le «couloir rouge»
Dipinti sulla volta del corridoio rosso
「赤い廊下」の丸天井の絵

»Roter Gang«: Kapitell
A capital in the Red Corridor
Le «couloir rouge»: chapiteau
Capitello nel corridoio rosso
「赤い廊下」：柱頭

Dienerzimmer und Vorplatz

Im ersten Obergeschoss des Palas wohnte die Dienerschaft Ludwigs II. Einige dieser noch vollständig eingerichteten Dienerzimmer sind zu besichtigen. Sie sind rustikal-gediegen in Eiche ausgestattet und wurden jeweils von zwei Dienern bewohnt. Diese mussten – den Gepflogenheiten ihres Herren entsprechend – ihren Dienst vor allem nachts verrichten.

Die großen Wandgemälde des Vorplatzes im dritten Obergeschoss zeigen Szenen aus dem *Sigurd-Lied*, einer Sage der altnordischen Liedersammlung Edda. Diese Sage weist zahlreiche Parallelen zum später entstandenen Nibelungenlied auf, das Richard Wagner für seinen Opernzyklus *Der Ring des Nibelungen* benutzte. Hier wie dort geht es um den fluchbeladenen Schatz der Nibelungen, den Sigurd – bei Wagner heißt der Held Siegfried – dem Drachen Fafnir entreißt. Doch die Freude an dem Nibelungenhort währt nicht lange – Sigurd wird hinterrücks erstochen. Die Gemälde im Vorplatz erzählen wie ein Bilderbuch von dem Schicksal des jungen, blond gelockten Heroen. Die Sage wird im Vorplatz des vierten Obergeschosses fortgeführt: Hier wird das dramatische Leben von Sigurds Witwe Gudrun illustriert.

The Servants' Quarters and The Landing

Ludwig II's servants lived on the first floor of the Palace. Some of these rooms can be viewed. Two servants were housed per room. The third floor prepares the visitor for the legendary world awaiting him in the King's adjoining appartment. Wall paintings show scenes from the Songs of Sigurd, a saga which parallels to the Songs of the Nibelung later set to music by Richard Wagner about the Treasure of the Nibelung and the hero Sigurd who snatched it away from the Dragon, Fafnir. The pictures in the hallway tell the story of the hero. The fourth floor landing illustrates the dramatic life of Sigurd's widow, Gudrun.

Le stanze della servitù e l'ingresso

La servitù di Ludovico II abitava al primo piano. Alcune di queste camere si trovano arredate ancora oggi come in origine e si possono visitare. L'arredamento è in legno di quercia. Ogni camera è occupata da due servitori. Già nell'anticamera del III piano il visitatore viene preparato al mondo leggendario che troverà nell'attiguo appartamento del re. I quadri alle pareti mostrano scene tratte dal «Sigurd-Liedern». Queste leggende hanno numerosi riferimenti con le successive canzoni popolari dei Nibelunghi che Wagner ha poi musicato. Nell'ingresso del IV piano viene illustrata la drammatica vita di Gudrun, vedova di Sigurd.

Les pièces domestiques et le parvis

Au premier étage du palais habitaient les domestiques de Louis II. Quelques chambres de ces serviteurs sont ouvertes aux visiteurs. L'équipement est d'un style rustique et solide en chêne, deux domestiques se partageaient une chambre. Dans l'antichambre au troisième étage le visiteur a un avant-goût du monde légendaire, qu'il découvrira dans les salons du roi. Les grandes peintures murales les montrent des scènes du «chant de Sigurd», une légende nordique, extraite d'un recueil de vieux mythes nordiques. Cette légende présente de nombreuses similitudes avec la chanson des «Nibelungen», opéra composé postérieurement par Richard Wagner: Le trésor des Nibelungen est maudit, et c'est Sigurd – chez Wagner le héros est appelé Siegfried – qui l'arrache au dragon Fafnir.

Dans l'antichambre les scènes du combat contre le dragon et du meurtre racontent en images le destin du jeune héros aux boucles blondes. Au quatrième étage est illustrée la suite de la légende: la vie dramatique de Gudrun, veuve de Sigurd.

召し使いの部屋と控えの間

２階にはルードヴィッヒ２世の召し使いたちが住んでいました。今でもまだ完全に家具のそろっている召し使いの部屋のいくつかは見学可能です。いずれも二人部屋で、樫の木でできています。

ここを訪れる人たちは、すでに４階の控えの間から、続く王の住居で待ち構えているおとぎの世界の雰囲気を味わえます。壁画は『ジーグルトの歌』の場面です。この伝説は、のちに成立した『ニーベルンゲンの歌』と多くの共通点を持っています。ここかしこに、ジーグルトーニーベルンゲンの歌の中では英雄ジークフリートーが竜のファーフニルから奪ったニーベルンゲンの宝が描かれています。控えの間の絵は、金髪捲き毛の若い英雄の運命を物語っています。５階の控えの間に描かれているのは、ジーグルトの未亡人グートルンです。

Dienerzimmer im 1. Obergeschoss
Servants' room on the first floor
Chambre de domestiques au premier étage
Stanza della servitù al primo piano
２階の召使の部屋

Der Vorplatz im 3. Obergeschoss
Hallway on the third floor
Le vestibul au troisième étage
Il vestibolo al terzo piano
４階の控えの間

Thronsaal: Reinigung des riesigen Kronleuchters
Cleaning the enormous chandelier in the Throne Room
La salle de trône: nettoyage du lustre énorme
Sala del trono: pulizia del gigantesco lampadario a corona
玉座の間：巨大なシャンデリアの掃除

Blick zur Apsis des Thronsaals
View of the apse in the Throne Room
Vue vers l'abside de la salle du trône
Sguardo sull'abside della sala del trono
玉座の間のアプス（半円形の張り出し部分）➔

Thronsaal

Wer vom Vorplatz in den Thronsaal eintritt, ist überwältigt von der Größe und Pracht dieses Raumes. Er ist das Herz des Schlosses – obgleich dies nicht von Anfang an geplant war: Erst im Laufe der Bauarbeiten entschloss sich Ludwig zum Bau des Saales. Technisch war diese nachträgliche Änderung nur durch den Einbau einer ummantelten Stahlkonstruktion zu bewerkstelligen.
Der Thronsaal wirkt wie ein kostbarer byzantinischer Kirchenraum. Tatsächlich ordnete der König ausdrücklich an, die Allerheiligen-Kirche der Münchner Residenz als Vorlage zu nehmen – diese geht wiederum auf byzantinische Vorbilder zurück. Zwischen dem Mosaikfußboden mit den Tierkreiszeichen und der sternenübersäten Kuppel wird ein vom König bis ins Detail festgelegtes Bildprogramm ausgebreitet. Hier können wir sowohl Ludwigs tiefe Gläubigkeit erkennen als auch seine überzogene Vorstellung eines Königtums »von Gottes Gnaden«, das er mit uneingeschränkter Macht verbunden wissen wollte. In den sechs heilig gesprochenen Königen in der Apsis, über deren Darstellung Christus in der Glorie schwebt, sah Ludwig II. die Vorbilder für die Erfüllung seines göttlichen Auftrags.

The Throne Room

Whoever enters the Throne Room from the hallway is overwhelmed by its size and splendour at the heart of the castle. Ludwig only decided during the construction of the castle to build this hall. The Throne Room gives the impression of a precious Byzantine church. In fact the King ordered it to be modelled on the Church of All Saints in the Munich Residenz Palace which, itself, goes back to Byzantine models. Between the mosaic floor with the signs of the zodiac and the star-speckled cupola, a whole series of pictures is displayed, set out in detail by the king. We can observe here not only Ludwig's deep sense of religion but also his exaggerated idea of a kingdom "by the Grace of God" which he liked to think of as having unlimited power.

La salle du trône

En venant du vestibul dans la salle du trône le spectateur est ébloui par la grandeur et le faste luxueux de cette pièce.
Ce n'est qu'au cours du chantier que Louis II a pris la décision de construire cette salle, qui est devenue le cœur du château. Elle donne l'impression d'un temple précieux byzantin.
Et en effet le roi ordonna expressément de prendre comme référence l'église de « Allerheiligen » (tous les saints) dans la résidence de Munich, qui s'inspirait elle-même d'exemples byzantins.
Entre le sol en mosaïques aux signes du zodiaque et la coupole parsemée d'étoiles, s'étalent les scènes imaginées minutieusement par le roi lui-même. On reconnaît la foi profonde de Louis ainsi que son idée exagérée d'un royaume « à la grâce de dieu », qu'il voulait lier à sa puissance.

La sala del trono

Chi, dall'abside, entra nella sala del trono rimane abbagliato dalla grandezza e dalla magnificenza di questo locale. Esso rappresenta il cuore del castello, nonostante all' inizio, ciò non fosse stato progettato. Solo durante i lavori di costruzione Ludovico decise il destino di questo ambiente che appare come una preziosa chiesa bizantina. In effetti il re aveva espressamente ordinato di rendere questo salone simile alla «Chiesa di Tutti Santi» della Residenza di Monaco. Tra il pavimento in mosaico che rappresenta i segni zodiacali e la cupola costellata di astri, si sviluppa una serie di quadri e di immagini progettati dal re fin nei più piccoli dettagli, da cui si riconosce, sia la sua fede profonda, sia la convinzione del suo potere illimitato ricevuto «Per Grazia di Dio».

玉座の間

玉座の間の巨大さ、豪華さには、控えの間に入ったときから圧倒されます。ここが城の中心部です。もっともこの広間は当初の計画には入っておらず、着工後ルードヴィッヒが加えさせたものです。
玉座の間は、華麗なビザンチン教会の趣があります。ミュンヘンのレジデンツ（王の居城）にある、ビザンチン様式の全聖人教会を範として造るよう王が厳命したためです。十二宮をあらわしたモザイクの床と星をちりばめた丸天井の間に、王がこと細かく指示を与えた絵が描かれています。そこにルードヴィッヒの深い信仰心と同時に、「神の恩寵」を受けた王国－彼は王国が神の絶対的な権力と結びついていると思っていたのです－という大きすぎる理想が見られます。

Dekorative Wandmalereien im Thronsaal
Decorative murals in the Throne Room
Peintures murales décoratives dans la salle du trône
Dipinti decorativi sulle pareti nella sala del trono
玉座の間の華やかな壁画

Blick zum südöstlichen Kuppelansatz
View of the south east dome extension
Vue vers la coupole au sud-ouest
Sguardo sul prolungamento della cupola a sud-est
南東側の丸屋根

Kaiser Heinrich II. beim Bau des Bamberger Doms
Emperor Henry II building the Bamberg Cathedral
L'empereur Henri II lors de la construction de la cathédrale de Bamberg
L'imperatore Enrico II durante la costruzione del Duomo di Bamberg
皇帝ハインリッヒ２世：
バンベルク大聖堂建築の際

Thronsaal: Details des Kronleuchters. Darüber wölbt sich die Himmelskuppel. Throne Room, detail of the chandelier. The celestial dome arches over the entire splendour. • La salle du trône: détails du lustre. Par dessus de cette splendeur se forme la voûte céleste. • Sala del trono: dettaglio del lampadario a corona. La cupola celeste si inarca con immenso splendore.

玉座の間：絢爛たるシャンデリアと丸天井（右上）

Ausschnitt aus der Bemalung der Apsis
Part of the apse decoration
Extrait de la peinture de l'abside
Frammento del dipinto dell'abside
アプスの絵の一部 ➔

Südostwand: Gemälde des Drachentöters St. Georg
South-east wall: portrayal of St. George the Dragon-Slayer
Mur du sud-est: tableau de St. Georges, tueur de dragon
Parete di sud-est: ritratto di S. Giorgio, che uccide drago
南東側の壁：竜を倒した聖ゲオルク

Farbiges Ornament im Mosaikfußboden (oben) – Der Pfau, ein Lieblingstier Ludwigs II. (unten) • Coloured ornaments in the mosaic floor • Ornements multicolores au sol en mosaïques (en haut) – Le paon, un des animaux préférés de Louis II (en bas) • Decorazioni a colori nel mosaico del pavimento モザイクの床の鮮やかな模様*(上)* – ルードヴィッヒ２世お気に入りの動物、孔雀 *(下)*

Mosaikfeld mit Vogelmotiv (oben) – Mosaikdekor aus Natur- und Kunststeinen (unten) • Mosaic decorations of natural and artificial stones • Mosaïque au motif d'oiseau (en haut) – Décor en mosaïque fait en pierres naturelles et artificielles (en bas) • Settore del mosaico (sopra) – Le pietre ornamentali sono naturali e artificiali (sotto) • 鳥のモチーフのモザイク*(上)* – 天然石と人工石のモザイク *(下)*

Sechs Apostel auf der Westseite der Apsis
Six Apostles on the west side of the apse
Six apôtres du côté ouest de l'abside
Sei apostoli sulla parte ovest dell'abside
アプス西側に描かれた６人の使徒

Heilige Könige: Heinrich II. und Ludwig IX.
Saint-Kings: Henry II and Louis IX
Des rois canonisés: Henri II et Louis IX
I re santi: Enrico II e Luigi IX
二人の聖者王：ハインリッヒ２世とルイ９世

Zentrales Apsisbild: Christus als Herrscher und Richter
Central picture in the apse: Christ on the rainbow
L'image centrale de l'abside : le christ sur l'arc-en-ciel
Ritratto centrale nell'abside: Cristo sull'arcobaleno
アプス中央の絵：虹の上のキリスト

Das Speisezimmer
The dining room
La salle à manger
La sala da pranzo
王の住居の控えの間

Das Schlafzimmer: Schnitzereien in gotischer Manier
The bedroom: Gothic-style carving
La chambre à coucher: sculptures en bois à la manière gothique
La camera da letto: intagli in stile gotico
寝室：ゴシック様式の木彫 ➔

Schlafzimmer und Hauskapelle

Während alle anderen Wohnräume im »romanischen« Stil gestaltet sind, begegnen uns im Schlafzimmer – wie auch in der anschließenden Kapelle – spätgotische Formen. Die Eichenholzschnitzereien in diesem Raum sind äußerst aufwändig gearbeitet – vierzehn Schnitzer waren damit vier Jahre lang beschäftigt.
Der König legte viel Wert auf Komfort. So war sein Waschtisch neben dem Bett mit fließendem Wasser ausgestattet, das sich aus einem silbernen Schwan in ein Becken ergoss.
An den Wänden des Raumes wird die Geschichte des Liebespaars Tristan und Isolde erzählt, das erst im Tod zueinander fand. Ludwig II. war auf diesen anrührenden Stoff durch Richard Wagners gleichnamige Oper aufmerksam geworden, die 1865 in München uraufgeführt wurde.
Seinen persönlichen Betraum konnte der König sowohl vom Schlafzimmer als auch vom Ankleidezimmer betreten. Auf dem Altarbild ist König Ludwig IX. von Frankreich dargestellt, der Namenspatron Ludwigs II. Wandgemälde und Glasfenster zeigen Szenen aus dem Leben des französischen Monarchen, der – als Anführer zweier Kreuzzüge – ein Kämpfer für den christlichen Glauben war. Schon wenige Jahre nach seinem Tod wurde er heilig gesprochen – für Ludwig II. war er somit der Inbegriff eines »Königs von Gottes Gnaden«.

Bedroom and Chapel

While the other rooms are in the Romanesque style, the bedroom and adjoining Chapel demonstrate late Gothic. The showpiece is Ludwig's bed, reminiscent of a Gothic cathedral.
The king valued comfort: his washstand, for example, had running water which flowed from a silver swan. The walls are illustrated with the love story of Tristan and Isolde, united only in death.
The king was able to enter his personal chapel from both the bedroom and the dressing room. King Louis IX of France, canonized a few years after his death, is depicted on the altarpiece. His picture can also be found in the apse of the Throne Room.

La stanza da letto e la cappella privata

Mentro tutti gli altri ambienti sono in stile romanico, nella stanza da letto, come pure nell'attigua cappella privata, troviamo forme di tardo-gotico. Il pezzo più imponente è il letto del re che ricorda una cattedrale gotica. Il re dava grande importanza alle comodità. Il suo lavabo era fornito di acqua corrente, che sgorgava da un cigno d'argento. Sulle pareti della stanza vi è rappresentata la storia d'amore di Tristano e Isotta che solo nella morte trovano l'unione. Il re poteva raggiungere il suo luogo di preghiera sia dalla stanza da letto che dallo spogliatoio. Sull'altare è situato un quadro di Luigi IX re di Francia, che fu santificato pochi anni soltanto dopo la sua morte. La sua immagine si trova anche nell'abside della sala del trono.

La chambre à coucher et la chapelle privée

Si toutes les autres salles d'habitation sont décorées dans un style «roman», la chambre à coucher ainsi que la chapelle sont de style néogothique. Le fastueux lit de Louis II fait penser à une cathédrale gothique. Le roi attachait une grande valeur au luxe et au confort. Sa table de toilette était munie d'eau courante, qui s'écoulait d'un robinet en forme d'un cygne argenté. Aux murs est racontée l'histoire de Tristan et Isolde, qui furent unis qu'après leur mort.
Le roi avait accès à sa pièce de prière personnelle par sa chambre à coucher et par son cabinet de toilette. Le tableau d'autel représente Louis IX, roi de France, qui fut canonisé peu après sa mort. Son image se trouve aussi dans l'abside de la salle du trône.

寝室と礼拝堂

ほかの住居部分が「ロマン主義」様式であるのに対し、寝室とそれに隣接する礼拝堂は、後期ゴシック様式でしつらえられています。豪華なルードヴィッヒの寝台は、ゴシックの大聖堂を思わせます。王は快適さを重んじていたため、洗面台には、水が銀の白鳥をかたどった蛇口から注ぎ込むようになっていました。
寝室の壁は、死によってようやく結ばれたトリスタンとイゾルデの恋物語で飾られています。王専用の祈祷室には、寝室からも更衣室からも入ることができました。祭壇には、死後聖人となったフランスのルイ９世の姿が描かれています。

Die Hauskapelle: Darstellungen Ludwigs des Heiligen
Depictions of Louis the Saint in the private Chapel
La chapelle privée: représentations du saint Louis
La cappella privata: rappresentazioni di Luigi il santo
付属礼拝堂：ルイ聖王の絵

Glasgemälde in der Hauskapelle
Painting on glass in the private Chapel
Vitrail dans la chapelle privée
Vetrate artistiche nella cappella privata
付属礼拝堂のステンドグラス

Ankleidezimmer und Wohnzimmer

Die Wandbilder im Ankleidezimmer sind zwei großen Poeten gewidmet: dem Minnesänger Walther von der Vogelweide und dem Nürnberger Schuster und Dichter Hans Sachs. Letzterer ist auch die Hauptfigur in Richard Wagners Oper *Die Meistersinger von Nürnberg*, die 1868 in München uraufgeführt wurde.
Eine Besonderheit des Raumes ist die illusionistisch bemalte Decke: Der Blick geht scheinbar direkt hinauf in den Himmel, als ob man in einer offenen Gartenlaube stünde und dabei den umherfliegenden Vögeln lauschte – ganz im Sinne der Naturpoesie eines Walther von der Vogelweide. – Der behaglich eingerichtete Salon Ludwigs II. besitzt einen kleinen, durch Säulenstellungen abgetrennten Nebenraum: das »Schwaneneck«. Hierhin zog sich der der König gerne zum Lesen zurück. An den Wänden umgaben ihn Szenen aus dem Leben des Schwanritters Lohengrin. Die gleichnamige Oper von Richard Wagner hatte er in München aufwändig neu inszenieren lassen. Berühmt geworden ist die Szene der Ankunft des Helden in einem Nachen, der von einem Schwan gezogen wird. Eines der teppichartigen Bilder im Wohnzimmer gibt diesen Augenblick wieder. Auch sonst ist der Schwan allgegenwärtig: in der Vertäfelung, den Stoffen, den Wandmalereien und den Türbeschlägen sowie als lebensgroße Majolika-Figur.

Dressing Room and Living Room

The murals in the Dressing Room are dedicated to two great poets: the minstrel, Walther von der Vogelweide and the shoemaker poet, Hans Sachs of Nuremberg the central figure in Richard Wagner's opera "The Mastersingers of Nuremberg". The painted ceiling gives the illusion of looking straight up into the sky. Ludwig's cosily furnished salon has a small side room, separated by columns, called "Swan's Corner". The King would retire there to read, surrounded by scenes on the walls from the life of the Swan Knight, Lohengrin. The Swan is everywhere to be seen: in the panelling, furnishings, wall paintings and door fittings, as well as a life-size figure made of majolica.

Le cabinet de toilette et le salon

Les peintures murales dans le cabinet sont consacrées à deux grands poètes : au troubadour Walther von der Vogelweide et à Hans Sachs, cordonnier et poète de Nüremberg. Celui-ci est le personnage principal de l'opéra de Wagner «Le maître-chanteur de Nuremberg». Au plafond le ciel est remarquablement peint en trompe-l'oeuil. Dans le salon de Louis II, on découvre une petite annexe : «le Schwaneneck». Les scènes du «chevalier du cygne», dit Lohengrin, sont racontées aux murs. A Munich l'opéra de Richard Wagner, portant le même nom, fut mis en scène de façon grandiose. Partout on retrouve le cygne : sur les lambris, les tissus, les peintures murales et sur la sculpture majolique en grandeur nature.

Lo spogliatoio e il soggiorno

I quadri alle pareti dello spogliatoio sono dedicati a due grandi poeti: al trovatore Walther von der Vogelweide e al poeta calzolaio di Norinberga Hans Sachs che è anche il personaggio principale dell'opera di Wagner «I Maestri Cantori di Norinberga».
Una particolarità è rappresentata dai dipinti sul soffitto. Si ha l'impressione che so sguardo si spinga oltre l'ambiente fino a raggiungere il cielo.
Il salone di Ludovico è arredato in modo piacevole. Esso comprende un piccolo locale adiacente separato da colonne «l'angolo del cigno». Qui il re si ritirava per leggere. Alle pareti lo circondavano scene di vita di Lohengrin.

更衣室と居間

更衣室の壁画は、宮廷恋愛詩人ヴァルター・フォン・デア・フォーゲルワイデと、ニュルンベルクの靴屋で詩人だったハンス・ザックスの二人に捧げられたものです。
独特なのは、天にも昇る心地にさせる幻想的な天井画です。家具調度が気持ちよく整えられた客間の隅には、柱で仕切られた「白鳥の角」と呼ばれる小部屋があります。王はこの部屋で読書をしていました。壁の絵は白鳥の騎士ローエングリンの場面です。化粧板、布、壁絵、ドアの金具、それに等身大のマジョリカ焼き－至るところに白鳥の絵が見られます。

Der Toilettentisch im Ankleidezimmer
Dressing table in the dressing room
Le lavabo dans le cabinet de toilette
La specchiera nello spogliatoio
更衣室の化粧台

Ankleidezimmer: Erker mit Schmuckkassette
Dressing-room: bay with jewellry box
Cabinet de toilette: écrin dans l'encorbellement
Spogliatoio: sporto con lo scrigno dei gioielli
更衣室 ：飾り小箱のある張り出し

Geschnitzte Eiche: Armlehnstuhl im Ankleidezimmer
Carved oak arm-chair in the dressing room
Chêne sculpté: fauteuil dans le cabinet de toilette
Quercia intagliata: sedia a braccioli nello spogliatoio
樫の木彫：更衣室の肱掛椅子

Das »Schwaneneck« im Wohnzimmer des Königs
The "Swan Corner" in the King's living room
Le «coin du cygne» dans le salon du roi
L'angolo del cigno («Schwaneneck») nel soggiorno del re
王の居間の「白鳥の角」

Wohnzimmer: lebensgroßer Majolika-Schwan
Life-sized swan made of majolica in the living room
Salon: cygne en majolique, grandeur nature
Soggiorno: cigno in maiolica, in grandezza naturale
居間：等身大のマジョリカ焼きの白鳥

Fuß des Tischkandelabers im Wohnzimmer
Foot of the table candelabra in the living room
Pied du chandelier dans le salon
Piede del candelabro nel soggiorno
居間にある卓上燭台の台座 ➔

Venusgrotte

Eine künstliche Tropfsteinhöhle im dritten Obergeschoss eines Schlosses? Die Venusgrotte ist zweifellos der originellste Raum in Neuschwanstein. Ein Wasserfall und farbige Beleuchtung hauchten ihm einst die von Ludwig gewünschte romantische Atmosphäre ein. Abgeschirmt von der bedrohlichen Außenwelt, konnte der König hier über eine verborgene Öffnung in der Decke der Musik aus dem darüber liegenden Sängersaal lauschen.

Der Name Venusgrotte bezieht sich auf die Sage von Tannhäuser, den die Liebesgöttin Venus in ihrer Grotte im »Zauberberg« – dem Hörselberg bei Eisenach – in ihren Bann gezogen haben soll. Bei seiner Reise nach Eisenach im Jahre 1867 hat Ludwig II. auch diesen legendären Ort besucht.

Noch bekannter als die Venusgrotte in Neuschwanstein ist ihr großes Pendant im Park von Schloss Linderhof. Dort trieb Ludwig, ein Fan ausgefeilter Bühnentechnik, die Theatralik auf die Spitze: Zu Wagner-Klängen und verschiedenfarbiger elektrischer Beleuchtung ließ er sich in einem Schwanen-Nachen auf dem künstlichen See umherrudern.

Von der dunklen Grotte führt eine im Fels versenkbare gläserne Schiebetür in den lichtdurchfluteten Wintergarten. Dessen große Fensterscheiben wurden zu Ludwigs Zeit bestaunt – solche Formate waren noch unüblich. Der Besucher genießt einen grandiosen Blick auf das weite Alpenvorland mit dem Forggensee, der allerdings seinerzeit noch nicht existierte.

The Venus Grotto

The Venus Grotto, an artificial stalactite cave on the third floor, is undoubtedly the most original room in Neuschwanstein. A waterfall and coloured lighting inspired the romantic atmosphere sought by Ludwig. Sheltered from the threatening world outside, the king could listen to music coming from the Singers' hall above. The name refers to the Legend of Tannhäuser who was supposed to have been lured under the spell of Venus into her grotto.

A glass door sliding into the rock leads from the dark grotto to a bright winter garden. The visitor can enjoy a glorious view to the wide foothills of the Alps and the Forggen Lake, which did not exist at that time.

La grotte de Vénus

La grotte de Vénus, une grotte artificielle au troisième étage, est sans doute la plus curieuse pièce de Neuschwanstein. L'atmosphère romantique voulue par Louis II est obtenue grâce à la cascade et son éclairage multicolore. Isolé du monde extérieur le roi pouvait, grâce à une ouverture au plafond, écouter la musique venant de la salle des chœurs située juste au dessus.

Le nom de cette grotte fait référence au mythe de Tannhäuser, qui fut pris par le charme de Vénus, déesse de l'amour, dans sa grotte.

A partir de la grotte sombre, on accède au jardin d'hiver lumineux par une porte vitrée, coulissante dans les rochers. Ici le visiteur profite de la vue splendide sur les paysages préalpins et le lac «Forggensee», qui à cette époque-là n'existait pas encore.

La grotta di Venere

Al terzo piano una grotta stalagmitica artificiale, dedicata a Venere, è senza dubbio il locale più originale di Neuschwanstein. Una cascata e una illuminazione a luci colorate ispirano quella romantica atmosfera che il re aveva desiderato. Protetto dal minaccioso mondo esteriore, egli qui poteva ascoltare la musica che proveniva dalla sala di canto attraverso un'apertura nascosta sul soffitto. Il nome ricorda la leggenda di Thannhäuser in cui Venere, dea dell'Amore, avrebbe attirato l'amante nel suo incantesimo. Da questa buia grotta una porta scorrevole conduce nel luminoso giardino d'inverno. Qui il visitatore gode di una grandiosa vista sulla distesa delle prealpi.

ヴィーナスの洞窟

ヴィーナスの洞窟は４階にある人工の鍾乳洞ですが、ノイシュヴァンシュタインの最も独創的な空間と言えるでしょう。かつては滝と色とりどりの照明が、ルードヴィッヒの望んだロマンチックな雰囲気を醸し出していました。この部屋で王は、威嚇的な外界から遮られ、上階の歌人の間から天井の隠し穴を通して流れてくる音楽に耳を傾けたのです。

この洞窟の名前は、愛の女神ヴィーナスが洞窟の中でタンホイザーをとりこにしたという伝説に由来しています。

ガラスの引戸を通って暗い洞窟を出ると、明るいヴィンターガルテン（冬の庭園）があり、ここから、アルプスの前に広がる広大な景色が眺められます。

Die Venusgrotte: Künstlicher Fels in buntem Licht
Colourfully lit artificial rock in the Venus Grotto
La grotte de Vénus: illumination multicolore des rochers artificiels
La grotta di Venere: una roccia artificiale fra luci colorate
ビーナスの洞窟：色とりどりに照らされた人工岩
←

Versteckter Zugang zur Grotte: Nebentreppe des Palas
Hidden entrance to the Grotto: a side staircase
Accès caché de la grotte: escalier secondaire du palais
Entrata segreta alla grotta: una scala adiacente al palazzo
洞窟への秘密の通路：本館の付属階段

Arbeitszimmer und Adjutantenzimmer

Im Arbeitszimmer meint man die Anwesenheit des Königs zu spüren, ihn in seinem thronartigen Lehnstuhl sitzen zu sehen, mit seinem Schreibzeug hantierend, das von Lohengrin und einem Schwan bekrönt wird. Ludwig II. war ein eifriger Briefschreiber, bekannt für seinen schwärmerischen Ton.

Als Thema für die Wandbilder wählte der König die Tannhäuser-Sage. Ein Dichter, der die Erfüllung seiner Liebe zu Venus preist und damit die Regeln des Minnesangs verletzt, zur Buße seiner Begierden eine Pilgerfahrt nach Rom unternimmt und die Vergebung seiner Sünden erlangt – dieser Stoff faszinierte Ludwig.

Seinen persönlichen Adjutanten rief Ludwig II. über eine moderne elektrische Rufanlage. Ertönte das Glockensignal, brauchte man im Adjutantenzimmer nur den Empfänger der Rufanlage abzulesen. Dort wurde der Raum angezeigt, in dem das Signal ausgelöst worden war.

Dass man damals einen ausgeprägten Sinn für das Praktische hatte, zeigt auch das Bett des Adjutanten – tagsüber diente es zusammengeklappt als Sitzbank. Im so genannten »Nürnberger Häuschen«, einem kleinen Wandschrank, war die Hausapotheke Ludwigs II. verwahrt – der König litt unter ständigen Kopfschmerzen.

The Study and Adjutant's Chamber

Even though Ludwig's desk no longer stands in front of the window, one can almost feel the king's presence and see him in his throne-like armchair. Ludwig II was an avid letter-writer. The king summoned his adjutant via an electric calling system. Every room in the royal appartment was connected to it. The adjutant's bed was very practical – during the day it folded up as a bench. A medicine cabinet is in a cupboard on the wall. The king suffered from constant headaches.

La stanza da lavoro e la camera dell' assistente

Anche se la scrivania di Ludovico non si trova al suo posto originale, in questa stanza si avverte la presenza del re. Ludovico era un assiduo scrittore di lettere. Come tema per le raffigurazioni alle pareti scelse la leggenda di Thannhäuser. Chiamava il suo assistente personale servendosi di un impianto elettrico di suoneria. L'estrema praticità viene dimostrata anche dal letto dell'assistente. Durante il giorno si poteva ribaltare e trasformare in una panca. In un armadietto a muro si trovava una farmacia casalinga. Il re infatti soffriva di una emicrania cronica.

Le bureau et la chambre du secrétaire personnel

Même si le bureau de Louis II ne se trouve plus à sa place d'origine devant la fenêtre, on a l'impression de sentir la présence du roi, assis dans son fauteuil impérial. Louis II était un correspondant appliqué, connu pour son style exalté. Il choisit la légende de «Tannhäuser» comme sujet pour les peintures murales.

Il appelait son secrétaire personnel par un système de signal électrique. Chaque pièce de l'appartement royal était connectée à ce système. Quand retentissait le signal sonore, il n'y avait qu'à relever le destinataire de l'appel.

Même pour le lit du secrétaire personnel le roi invente une solution bien pratique – replié en journée, on s'en sert comme banquette. Dans une petite armoire murale se trouvait la pharmacie. Le roi souffrait régulièrement de migraines.

書斎と副官の部屋

かつて窓際にあったルードヴィッヒの書き物机は、今では場所を変えていますが、書斎で玉座の形をした肱掛椅子に座っている王の姿が目に浮かぶようです。彼は精力的に手紙を書いた人で、その夢想的な文体で知られています。この部屋の壁画のテーマとして、タンホイザー伝説が選ばれました。

王付きの副官を呼ぶ際は、電動の呼び出し装置が使われました。また副官たちの部屋の寝台は、日中たたんで腰掛けとして使えるもので、実用品に対する王の優れたセンスがうかがえます。壁の小さい戸棚には、家庭常備薬が入っていました。王が慢性の頭痛に悩まされていたためです。

←
Das Arbeitszimmer mit Tannhäuser-Gemälden
Tannhäuser paintings in the study
Motifs extraits de «Tannhäuser» dans le bureau
La stanza da lavoro (studio) con i quadri di Tannhäuser
タンホイザーの絵のある書斎

Arbeitszimmer: Detail des königlichen Armlehnstuhls
Detail of the royal armchair in the study
Bureau: détail du fauteuil royal
La stanza da lavoro (studio): dettaglio del seggio reale
書斎：王の肱掛椅子

Lohengrin-Schreibgarnitur auf dem Schreibtisch
Lohengrin writing set on the desk
Garniture de bureau – à l'image de Lohengrin – sur le secrétaire
Sullo scrittoio l'occorrente per scrivere con la figura di Lohengrin
書き物机の上にあるローエングリン像付き筆記用具セット

Das Adjutantenzimmer
Adjutants' room
Le bureau du secrétaire personnel
La stanza dell'assistente
副官の部屋

Der Tribünengang zum Sängersaal
Passage way to the Singers' Hall
L'accès à la salle des maîtres-chanteurs par les tribunes
La loggia che porta alla sala dei maestri cantori
歌人の間の観客席通路 ➔

STÄTE.

GAHMURET·GEWINNT·IM·TURNIER·
HERZELOIDENS·HAND·U·KRONE.

Wanddekor im Tribünengang
Decoration on the walls of the passage way
Décor mural dans le couloir des tribunes
Decorazioni nella tribuna
観客席通路の壁模様

Tribünengang: Kronleuchter mit Edelsteinimitaten
Chandelier with imitation precious stones
Couloir des tribunes: lustre avec imitations de pierres précieuses
Loggia: lampadario a forma di corona con imitazioni di pietre preziose
観客席通路：人造石の付いたシャンデリア

Bunte Pracht: der Sängersaal
The gilded Singers' Hall
La salle des maîtres-chanteurs aux multiples dorures
Uno splendore variopinto: la sala dei maestri cantori
金色のハーモニー：歌人の間

Der Sängersaal nach Osten
Singers' Hall to the East
La salle des maîtres-chanteurs vue vers l'est
La sala di canto verso est
歌人の間、東側 ➔

Sängersaal

Schon Ludwigs erste Ideen zur Errichtung einer »mittelalterlichen« Burg kreisten um den Nachbau des Festsaales der Wartburg. Der Sängersaal in Neuschwanstein geriet schließlich viel prächtiger als das thüringische Vorbild.
Der König ließ eine Laube einbauen, die sich in ähnlicher Form auch in der Wartburg befindet. Diese »Sängerlaube« ist – wie ein Bühnenbild – mit dem Wald des Klingsor ausgemalt, einem Schauplatz der Parzival-Sage.

In den anderen Bildern des Sängersaals wird der Werdegang Parzivals – des Vaters von Lohengrin – nachgezeichnet: Als einfältiger junger Mann zieht er in die Welt hinaus und erlangt schließlich die Gralskönigswürde. In den letzten Lebensjahren wurde Parzival zu Ludwigs bevorzugtem Idol – und Neuschwanstein in seinen Vorstellungen zur »Gralsburg«. Obwohl der Name »Sängersaal« dies vermuten lässt: Ludwig II. hörte hier nie eine musikalische Darbietung.

The Singers' Hall

Ludwig's initial idea about erecting a medieval castle revolved around recreating the Wartburg Banqueting Hall. The king also had a platform built in the Hall at Neuschwanstein decorated with Klingsor's Magic Forest – one of the scenes in the Parsifal legend. The pictures tell the life of Lohengrin's father, Parsifal. As a young man he goes off into the world and in the end becomes the King of the Grail. Parsifal was Ludwig's favourite idol during his last years and he imagined Neuschwanstein to be the castle of the Holy Grail. Ludwig II never actually experienced a musical performance there, and Wagner's music was only heard long after Ludwig's death. Meanwhile, concerts in the Singers' Hall have become an integral part of Schwangau's cultural life.

La sala di canto

Già la prima idea di Ludovico per la costruzione di un castello medioevale si era ispirata alla sala delle feste di Wartburg. In Neuschwanstein fece costruire in più una loggia con dipinti del bosco incantato di Klinsor, una scena della leggenda di Parsifal. Nei dipinti di questa sala vengono illustrate le diverse fasi della vita di Parsifal – il padre di Lohengrin, che diventa l'idolo preferito di Ludovico e Neuschwanstein, nella sua immaginazione, il castello del Gral. Tuttavia Ludovico qui non presenziò mai ad una rappresentazione musicale. Solo molto tempo dopo la sua morte risuonò per la prima volta nella sala la musica di Wagner.
Nel frattempo i concerti, in questa sala, nei programmi culturali di Schwangau, sono costantemente presenti.

La salle des maîtres chanteurs

Déjà pendant la conception du château fort médiéval, Louis II cherchait une solution pour copier la salle de fêtes de la «Wartburg». A Neuschwanstein il ajouta une tribune, qui fut décorée à la manière du forêt magique de Klingsor, une scène extraite de la légende de Parcifal.
Les peintures murales racontent les étapes de la vie de Parcifal – père de Lohengrin. Le jeune homme découvre le monde et obtient enfin l'honneur royal de Saint Gral.
Parcifal devint l'idole absolue de Louis II pendant les dernières années de sa vie et il imagina Neuschwanstein comme «château de Gral».
Malheureusement Louis II n'a jamais pu jouir du plaisir d'écouter une œuvre musicale dans sa salle – c'est bien longtemps après sa mort que retentit dans cette salle une œuvre de Richard Wagner.
Cependant, les concerts dans la salle des maîtres-chanteurs sont devenus une partie intégrante du programme culturel de la commune de Schwangau.

歌人の間

ルードヴィッヒは、「中世の」城を作ろうと思いたったときから、ヴァルトブルク城の大広間を模すつもりでした。そのためノイシュヴァンシュタインに、パルジファル伝説に出てくる「クリングゾルの魔法の庭」を描いた舞台も作らせたのでした。

広間の絵は、ローエングリンの父パルジファルの成長の軌跡です。彼は若くして世界に歩み出し、最後に聖杯の王となります。ルードヴィッヒは晩年、とりわけパルジファルを崇拝し、ノイシュヴァンシュタイン城を「聖杯の城」と考えていました。しかしこの部屋でルードヴィッヒが生前音楽を聴くことはなく、リヒャルト・ワーグナーの音楽がここで演奏されたのは、彼が亡くなった後のことでした。

現在では、シュヴァンガウ地方の文化プログラムのひとつとして、歌人の間で定期的にコンサートが催されています。

DER · FLUCH · KUNDRIES

RE- PAN S E.
FEI RE FIZ

Wappenemblem Gahmurets, des Vaters von Parzival
The heraldic emblem of Gahmuret, Parsifal's father
L'emblème de Gahmuret, le père de Parcifal
Stemma di Gahmuret, il padre di Parsifal
パルジファルの父ガムレットの紋章

Einhorn aus der Parzival-Sage als Konsolfigur
Unicorn from the Parsifal legend, as a bracket figure
Figurine de console: la licorne, extrait de Parcifal
Unicorno, dalla leggenda di Parsifal, come figura di sostegno
パルジファル伝説に出てくる一角獣

Geschnitzte Bärenfigur an einer Deckenstütze
Carved figure of a bear on a ceiling support
Pilastre avec un ours sculpté
Immagine intagliata di orso in un sostegno del soffitto
天井の支柱に付いた木彫の熊

Parzival in der Gralsburg (oben) – Einer der Kronleuchter (unten) • Parsifal at the Castle of the Holy Grail (above) – A chandelier (below) • Parcifal dans le château de Montsalvat (en haut) – Un des lustres (en bas) • Parsifal nel castello del Gral (sopra) – Un lampadario a corona (sotto)

聖杯城モンサルヴァートのパルジファル *(上)* – 4つある巨大なシャンデリアのひとつ *(下)*

Glasfenster (oben) – Die Gralsbotin Kundrie verflucht Parzival (unten)
Glass window (above) – The Messenger of the Grail curses Parsifal (below)
Vitrail (en haut) – La messagère Kundrie qui maudit Parcifal (en bas)
Vetrata (sopra) – La messaggera del Gral maledice Parsifal (sotto)

唐草模様のガラス窓 *(上)* – 聖杯の使徒クンドリー はパルジファルを呪う *(下)*

Sängersaal: Blick durch die Arkaden in den Tribünengang
View through the arcade of the Singers' Hall
La salle des maîtres-chanteurs: vue par les arcades vers le couloir des tribunes
La sala dei maestri cantori: vista dalle arcate della platea
歌人の間：アーケードの向こうの観客席通路

Sängerlaube: der Wald des Zauberers Klingsor
Singers' Hall platfom: The Forest of Klingsor the Sorcerer
Tribune de la salle des maîtres-chanteurs: La forêt du magicien Klingsor
Palcoscenico della sala dei maestri cantori: il bosco del mago Klinsor
歌人の間の舞台：魔法使いクリングゾルの森

Küche

Für damalige Verhältnisse bot die Küche im Erdgeschoss des Palas modernste Technik: Automatische, durch die Hitze des Feuers angetriebene Drehspieße, Warmhalteschränke, die mit der Abwärme des Küchenherdes beheizt wurden, sowie fließendes heißes und kaltes Wasser erleichterten hier die Arbeit des Küchenpersonals. Nur zwei Jahre – 1884 bis zum Tod Ludwigs II. 1886 – war die Küche in Betrieb. In dieser Zeit hielt sich der König 172 Tage im Schloss auf.

Der Leibkoch hatte alle Hände voll zu tun: Ludwig war ein anspruchsvoller Esser, der exquisite Speisen schätzte. Er aß schnell und viel, musste aber auf seine schlechten Zähne Rücksicht nehmen. So standen vor allem Suppen, Fisch und haschiertes oder stundenlang weich gekochtes Fleisch auf seinem Speiseplan. Dazu trank er Wein, Champagner oder Likör und besonders gerne auch Arrak. Aus Bier machte sich Ludwig hingegen nicht sonderlich viel.

The Kitchen

The ground-floor palace kitchen boasted the most modern technology for those times: revolving spits automatically powered by the heat of the fire, cabinets for keeping food warm, heated by the waste heat from the kitchen stove, as well as hot and cold running water, all of which eased the work of the kitchen staff. The kitchen was in operation for only two years – from 1884 until Ludwig's death in 1886.

The King's personal chef had his hands full because Ludwig was a discriminating diner with a taste for exquisite dishes. He ate quickly and a lot, but his poor teeth had to be taken into consideration. Mostly he ate soups, fish, minced dishes or meat that had been cooked for hours until it was soft. He drank wine, champagne, liqueur and liked arrack. He was not, however, keen on beer.

La cucina

In relazione ai tempi, la cucina, situata al pianterreno del palazzo, offriva le tecniche più moderne. Gli spiedi giravano sfruttando l'aria calda del fuoco, gli armadi venivano riscaldati col calore dei fornelli e l'acqua corrente, calda e fredda, alleggeriva il lavoro del personale. Solo due anni – 1884–1886 (morte del re) la cucina rimase in funzione.

Il cuoco personale del re era molto indaffarato poichè Ludovico era di buon appetito e apprezzava la squisitezza delle portate. Mangiava molto e in fretta, ma doveva far attenzione ai suoi cattivi denti per cui nella sua lista delle vivande c'erano soprattutto minestre, pesce e carne trita o cotta per ore intere. Bevevo vino, spumante o liquori, volentieri anche l'arrak. Per la birra invece non aveva grande interesse.

La cuisine

La cuisine était équipée de moyens techniques les plus modernes de cette époque: des broches actionnées par la chaleur du feu, des armoires chauffées par la chaleur s'échappant du four, ainsi que l'eau courante – chaude et froide – ce qui facilitait énormément le travail des domestiques.

Cette cuisine ne fonctionna que deux ans – de 1884 jusqu'à la mort de Louis II en 1886.

Le cuisinier personnel du roi était bien occupé: Louis II était un gourmet exigeant, appréciant les plats raffinés.

Il mangeait vite et beaucoup, mais il fallait qu'il fasse attention à ses mauvaises dents.

Le menu se composait surtout de soupes, poissons et de viande hachée, accompagnés de vins, champagnes ou liqueurs – parfois même de l'arak. Par contre il ne consommait que rarement de la bière.

厨房

1階の厨房には、当時としては最先端の技術が用いられていました。火熱で動く回転焼き串、コンロの熱で保温できる戸棚、温水と冷水の出る水道が、調理人の仕事を軽減したのでした。ただ、この厨房が使われたのは、ルードヴィッヒが**1886**年に亡くなるまでの**2**年間だけでした。

王のおかかえ料理人は、多望を極めていました。というのも、ルードヴィッヒは食にうるさく、選り抜きの料理を求めたからです。彼は大食漢で、食べ方も早かったのですが、虫歯のことを考慮する必要がありました。そのため王の献立表には、特にスープ、魚料理、挽いたり何時間も煮込んで柔らかくした肉料理が載せられました。また王はワイン、シャンペン、リキュール、アラク酒を飲んでいましたが、ビールはさほど嗜みませんでした。

Die Schlossküche im Erdgeschoss
The castle's kitchen on the ground floor
La cuisine du château au rez-de-chaussée
La cucina del castello a pianterreno
1 階の厨房

Originale Küchentechnik aus den 1880er-Jahren
Original kitchen technology from the 1880's
Equipement original de la cuisine des années 1880
Tecniche originali dell'anno 1880 nella cucina
1880年代当時独創的だった厨房技術

Ein Schloss der Romantik: Hohenschwangau
The romantic castle at Hohenschwangau
Un château du romantisme: Hohenschwangau
Un castello del romanticismo: Hohenschwangau
ロマン主義の城：ホーエンシュヴァンガウ

Schloss Hohenschwangau

Neben dem hoch aufragenden Neuschwanstein sieht das kleinere, gedrungene Hohenschwangau eher unscheinbar aus. Für Ludwig II. war das malerische Schloss am Alpsee jedoch das »Paradies der Erde, das ich mir mit meinen Idealen bevölkere u. dadurch glücklich bin«.

Ludwigs Vater, Maximilian II., hatte Hohenschwangau bei einer Gebirgswanderung für sich entdeckt. Zu dieser Zeit war das Gebäude noch Ruine. Nicht nur die Romantik des Ortes, sondern auch seine Geschichte faszinierte den damaligen Kronprinzen: Im Mittelalter, als die Burg noch »Schwanstein« hieß, hatten hier die mächtigen Herren von Schwangau ihren Sitz. Maximilian kaufte die Burg 1832 und ließ sie nach Entwürfen des Malers Domenico Quaglio neugotisch umgestalten und ausbauen – zu einem »wahren Feenschloss«, wie König Ludwig I. bemerkte. Zweiundzwanzig Jahre, von 1833 bis 1855, zogen sich die Arbeiten hin.

Die königliche Familie hielt sich im Sommer häufig in Hohenschwangau auf. Für Ludwig II. wurde es zum Lieblingsort; keines der anderen Schlösser bewohnte er so lange wie dieses. Hier bezog er schon früh Nahrung für seine ausschweifende Fantasie, denn sein Vater hatte die Räume im Schloss mit großformatigen Wandgemälden historischer Persönlichkeiten und sagenhafter Helden ausmalen lassen. Die Räume tragen so klangvolle Namen wie »Schwanrittersaal«, »Heldensaal« oder »Welfenzimmer«. Inmitten von Königen und Rittern – etwa Karl dem Großen und Friedrich Barbarossa, dem Schwanritter und den Herren von Schwangau – gab sich der junge Prinz dem Zauber des Mittelalters hin.

In Hohenschwangau hat auch Ludwigs Vorliebe für den Schwan ihre Wurzeln: Die mittelalterlichen Erbauer der Burg führten den Vogel in ihrem Wappen, und Maximilian II., Ludwigs Vater, hatte den Schwan zu seinem Lieblingstier erkoren. Mit seinem Vater teilte der »Märchenkönig« die Begeisterung für die Schwanritter-Sagen. Als sich Richard Wagner 1865 auf Ludwigs Einladung mehrere Tage in Hohenschwangau aufhielt, ließ der Komponist – dem König zu Ehren – »Hauteboisten« von den Türmen des Schlosses herab den Morgengruß aus seiner Oper *Lohengrin* spielen. Und im selben Jahr wurde sogar die Szene der Ankunft Lohengrins auf dem Alpsee nachgestellt: Ludwigs Flügeladjutant musste sich in einem beleuchteten Kahn von einem künstlichen Schwan über den See ziehen lassen, untermalt von den Klängen der Wagner-Oper.

Als König nahm Ludwig hier und dort Veränderungen an dem Schloss seines Vaters vor. So beauftragte er schon bald nach seiner Thronbesteigung einen Theatermaschinisten, eine »einen Mond darstellende Nachtbeleuchtung« in sein Schlafzimmer einzubauen, die später sogar noch um Sterne und eine Regenbogenmaschine ergänzt wurde.

Königin Marie stand den kindlichen Schwärmereien und fantastischen Ideen ihres ältesten Sohnes verständnislos gegenüber. Ludwig wiederum sah sein Paradies durch die »Prosa« seiner Mutter »entweiht«. Die mehr oder weniger erzwungene Distanzierung des Königs von Richard Wagner tat ein Übriges: »Es ist oft zum verzweifeln: mein liebes Hohenschwangau, sonst (wenn ich allein bin) für mich der Sitz der wohltuendsten Weltabgeschiedenheit und Ruhe, sowie der höchsten, wahrsten Poesie ist unter diesen Verhältnissen eher einem Ort der Pein vergleichbar«, klagte Ludwig in einem Brief – und fasste den Plan zum Bau eines neuen märchenhaften Zufluchtsortes, der »in jeder Beziehung schöner und wohnlicher« werden sollte als Hohenschwangau: Neuschwanstein.

Hohenschwangau Castle

Beside the soaring castle of Neuschwanstein, the smaller one at Hohenschwangau is almost inconspicuous. Yet for Ludwig, the picturesque castle at Alpsee was "paradise on earth which I fill with my ideals and thus I am happy". Hohenschwangau was discovered by Maximilian II, while walking in the mountains. In 1832 he bought the ruins and had them rebuilt in neogothic style. The royal family often passed the summer at Hohenschwangau and it became Ludwig II's favourite. He spent more time there than at any other palace. There his imagination began to run riot, for his father had the palace rooms decorated with large murals depicting historical persons and legendary heroes. With Charlemagne and Frederick Barbarossa, the legendary Swan Knight, the lords of Schwangau and numerous other kings and knights, the young prince devoted himself to the Middle Ages. Queen Marie could not understand the fantasies of her eldest son. Ludwig felt his mother's prosaic attitude "violated" his paradise and devised a plan to build a new fairytale place to which to escape and which was to be "in every way more beautiful and more comfortable" than Hohenschwangau: Neuschwanstein.

Castello Hohenschwangau

Di fronte allo svettante Neuschwanstein, il piccolo Hohenschwangau sembra quasi invisibile, ma per Ludovico il pittoresco castello sull'Alpsee rappresentava tuttavia un «Paradiso in terra». Massimiliano II, suo padre, aveva scoperto Hohenschwangau durante una gita in montagna. Comperò il rudere nel 1832 e lo fece ricostruire e trasformare secondo il nuovo stile gotico. La famiglia reale abitava molto spesso durante l'estate nel castello. Per Ludovico II questa era diventata la sua dimora preferita. Qui trovò ben presto nutrimento alle sue stravaganti fantasie, poichè suo padre aveva fatto dipingere sulle pareti dei locali figure in grande formato di personaggi storici e di eroi leggendari. Tra Carlomagno e Federico Barbarossa, i signori di Schwangau, le numerose regine e cavalieri, come il leggendario «Schwanritter» il giovane principe fu conquistato dalla magia del Medioevo. La regina Marie non mostrava comprensione di fronte alle fantasticherie del suo primogenito, per cui Ludovico sentì il suo paradiso profanato e progettò un nuovo luogo favoloso in cui potersi rifugiare. Questo doveva diventare, sotto tutti gli aspetti, più bello e più confortevole di Hohenschangau: Neuschwanstein.

Le château de Hohenschwangau

Le petit château de Hohenschwangau semble plutôt simple par rapport à son grand voisin, le château de Neuschwanstein, s'élevant sur les hauteurs. Mais de ce château pittoresque Louis II disait: «c'est un paradis sur terre peuplé par mes idoles préférées, ce qui me rend heureux».

Le père de Louis II, Maximilien II avait découvert «Hohenschwangau» lors d'une randonné en montagne. Il acheta la ruine en 1832 et la fit reconstruire dans le style néogothique. Les travaux durèrent 22 années. Ce fut l'endroit où la famille royale aimait passer l'été, et inévitablement Hohenschwangau devint l'endroit préféré de Louis II. C'est dans ce château qu'il vécut le plus longtemps. Son père avait fait décorer les murs du château avec de grandes peintures racontant les histoires de personnalités célèbres et de héros légendaires, ce qui développa sa fantaisie extravagante.

Le jeune prince se donnait entièrement à la magie du moyen-âge grâce aux personnages historiques tel que Charlemagne, Barberousse, le légendaire chevalier du cygne et les seigneurs de Schwangau, ainsi que de nombreux autres rois et chevaliers. La reine Marie s'opposait à l'exaltation et aux idées fantastiques de son fils aîné sans les comprendre.

Louis II de son coté voyait son paradis «profané» par la «réprobation» de sa mère, et c'est ainsi qu'il envisagea la conception d'un nouveau lieu de refuge, plus féerique mais aussi plus confortable que Hohenschwangau: Neuschwanstein.

ホーエンシュヴァンガウ城

空高く聳え立つノイシュヴァンシュタイン城と比べれば、小さなホーエンシュヴァンガウ城は控えめです。けれどもルードヴィッヒ２世にとってアルプ湖畔の絵に描いたようなこの城は、彼の言葉を借りれば、「我が理想を満たした、それゆえに幸福になれる地上の楽園」でした。ルードヴィッヒの父マクシミリアン 2 世は、山歩きの際にホーエンシュヴァンガウを見つけます。1832 年、彼はこの廃虚を購入し、ネオゴシック様式に造り替えさせます。この仕事は 22 年に及びました。王の家族は夏にしばしばこの地に滞在し、ルードヴィッヒ 2 世にとってお気に入りの場所となります。この城ほど長く彼が住んだ城はほかにありません。彼の父が城の部屋の壁に描かせた歴史的人物や伝説の英雄によって、早くから並外れた想像力を培ったのです。カール大帝と赤髭王フリードリッヒ、伝説の白鳥の騎士とシュヴァンガウの領主たち、また多くの異国の王や騎士に囲まれて、若き王子は中世の魔法に身を委ねました。しかし皇后マリーは、長子の熱狂と空想を理解しませんでした。ルードヴィッヒのほうでも、母の「散文的なところ」が彼の楽園を「汚している」と見做し、シュヴァンガウよりも「全面的に美しく快適な」、おとぎ話のような新しい避難所を作る計画をたてたのです。

Prunkkassette Ludwigs I. im Billardzimmer
Billiards Room, a magnificent box which belonged to Ludwig I
Ecrin de faste de Louis I dans le salon de billard
Un sontuoso scrigno di Ludovico I nella stanza del biliardo
玉突きの部屋にあるルードヴィッヒ１世の飾り小箱

Schwanrittersaal: das »Schwan-Schiff«
The Swan Knight's Hall: The Swan Boat
Le salon du «chevalier du cygne»: le «bateau du cygne»
Sala del cavaliere del cigno «L'imbarcazione del cigno»
白鳥の騎士の間：「白鳥の船」

Schwanrittersaal

Im Schwanrittersaal pflegte die königliche Familie zu speisen, Seite an Seite mit dem legendären »Schwanritter«, dessen Taten in den Wandbildern erzählt werden. Das zugrunde liegende französische Epos weicht geringfügig von dem berühmten Lohengrin-Stoff ab, den Richard Wagner vertonte. Beiden Versionen gemeinsam ist ein geheimnisvoller Ritter als Hauptperson, der in einem von einem Schwan gezogenen Boot seine Heimat verlässt, um im Kampf gegen den schurkenhaften Verleumder Ruf und Ehre einer Fürstentochter wiederherzustellen. Wie in den anderen Räumen Hohenschwangaus erläutern Inschriften die einzelnen Bildszenen: die Abfahrt des Ritters vom Elternhause im »Schwan-Schiff«, seine Ankunft am Kaiserhof in Nimwegen, den Kampf mit dem Grafen von Frankenburg und schließlich die Hochzeit des Ritters mit der Tochter der Herzogin von Bouillon. Das tragische Ende der Geschichte wird allerdings ausgespart: Nach sieben Jahren stellt die Frau die verbotene Frage nach der Herkunft des Schwanritters; dieser muss sein Geheimnis offenbaren und im Schwanen-Nachen von dannen ziehen.

Die Decke des Saals ist mit gotischem Maßwerk verziert, in dessen Feldern vergoldete Sterne angebracht sind. Inmitten dieses Himmelsgewölbes begegnen uns zwei ungleiche Wappentiere: der bayerische Löwe und der preußische Adler – ein Hinweis auf den Erbauer König Maximilian II. und seine Frau Marie, eine geborene Prinzessin von Preußen.

The Swan Knight's Hall

The royal family usually dined in the Swan Knight's Hall. Young Ludwig would sit, eyes shining at the wall pictures narrating the deeds of the legendary Swan Knight. The Epic, which is essentially French, hardly differs from the Lohengrin plot set to music by Wagner. In both stories, a mysterious knight sets off in a boat drawn by a swan to restore the reputation and honour of a prince's daughter in battle. The Hall ceiling is decorated with gothic tracery through which gold-painted stars twinkle. Two unequal beasts appear in the middle of this firmament: the Bavarian lion and the Prussian eagle, a reference to King Maximilian II and his wife Marie, a Princess of Prussia by birth.

La sala del cavaliere del cigno

Nella sala del cavaliere del cigno la famiglia reale poneva grande cura nella consumazione dei pasti. Qui, dove le gesta leggendarie di questo cavaliere, dipinte direttamente sulla parete, venivano narrate, sedeva il giovane Ludovico con lo sguardo affascinato. Il poema epico francese è alla base del racconto. Un misterioso cavaliere emerge da un'imbarcazione trainata da un cigno e combatte per salvare l'onore di una principessa. Il soffitto della sala è ornato da affreschi in stile gotico. Nel mezzo di questa volta celeste si incontrano due animali: il leone bavarese e l'aquila prussiana. Un'allusione al re Massimiliano II e alla sua consorte Marie che era una principessa di origine prussiana.

La salle du chevalier du cygne

La famille royale avait coutume de prendre les repas dans la salle du chevalier du cygne. Ici les histoires du légendaire chevalier du cygne sont peintes aux murs, et tôt le petit Louis les admirait aux yeux brillants. Le récit, se basant sur une légende française diverge un peu de l'histoire de Lohengrin, que Richard Wagner avait mis en musique. Un chevalier mystérieux s'en va dans une barque, tirée par un cygne, afin de lutter pour la réhabilitation de l'honneur et la réputation d'une jeune fille princière.

Le plafond de cette salle est orné de nervures gothiques aux étoiles brillantes. Au milieu de cette voûte céleste on découvre deux animaux très inégaux: le lion bavarois et l'aigle prussien – petite mention au roi Maximilien II et son épouse Marie, une princesse prussienne.

白鳥の騎士の間

王の一家は、白鳥の騎士の間で食事をするのが常でした。伝説の「白鳥の騎士」の数々の行いが、壁に描かれた絵を通して物語られているこの部屋に、ルードヴィッヒは若い頃から目を輝かせて座っていたのでした。この絵の元になっているフランスの叙事詩は、リヒャルト・ワーグナーが作曲した有名な「ローエングリン」伝説とほぼ同じものです。

天井にはゴシック様式の飾り格子があり、星が輝いています。この天井の中に、不釣り合いな動物ーバイエルン王家の紋章である獅子と、プロイセン王家の紋章の鷲ーが見られます。これは国王マクシミリアン２世とプロイセンの王女であった后マリーをあらわしているのです。

Kostbare Tafelaufsätze im Schwanrittersaal
Precious table centrepieces in the Swan Knight's Hall
Des surtouts de table précieux dans le salon du «chevalier de cygne»
Soprammobili preziosi nella sala del cavaliere del cigno
白鳥の騎士の間のみごとな卓上飾り

Detail eines bronzenen Tafelaufsatzes Ludwigs II.
Detail of one of Ludwig II's bronze centrepieces
Détail d'un surtout en bronze de Louis II
Dettaglio di un vaso in soprammobile di Ludovico II
ルードヴィッヒ２世のブロンズの卓上飾り

Prunkteller (oben) – Wandgemälde: Hochzeitszug (unten) • Magnificent plate (above) – Wall paintings of a wedding procession (below) • Plat fastueux (en haut) – Peinture murale avec un défilé de mariage (en bas) • Piatto prezioso (sopra) – Pitture alle pareti con il corteo nuziale (sotto)
飾り皿：オーバーバイエルンの諸都市からのルイトポルトへの贈り物 *(上)* – 婚礼の行列の描かれた壁 *(下)*

Ludwig II. und sein jüngerer Bruder Otto als Kinder
Ludwig II and his younger brother, Otto, as children
Les enfants Louis II et son frère cadet Otto
Ludovico II e suo fratello minore Otto, da bambini
子供時代のルードヴィッヒ２世と弟オットー

Das Burgfrauenzimmer, Wohnzimmer der Königin Marie
The Lady of the Castle's Room, Queen Marie's living room
La chambre des damoiselles, salon de la reine Marie
La stanza delle castellane, soggiorno della regina Marie
城主の奥方の間、女王マリーの居間 ➔

Burgfrauenzimmer und Orientzimmer

Im ersten Obergeschoss liegt die Wohnung der Königin Marie. Die Bilder im Wohnzimmer, dem so genannten Burgfrauenzimmer, zeigen, wie man sich im Zeitalter der Romantik die adeligen Burgfrauen des Mittelalters vorstellte: als besorgte Gemahlinnen und liebevolle Mütter. »Man sieht die Frauen, wie sie damals waren und wie sie nach manches Mannes Meinung noch heute sein sollten«, kritisierte eine zeitgenössische Schriftstellerin. Eigentlich wünschte Kronprinz Maximilian »das Leben einer deutschen Frau, von europäischer Berühmtheit, zugleich Repräsentantin des edelsten Frauenwirkens im Mittelalter« dargestellt zu sehen. Für einen solchen Zyklus fand sich keine passende historische Persönlichkeit – die Burgfrauen blieben anonym. Nur ein Bild zeigt die Herzogin Agnes von Bayern, die Frau Herzog Ottos I. von Bayern. Das Schlafzimmer der Königin ist im orientalischen Stil dekoriert und eingerichtet. Maximilian hatte als Kronprinz eine ausgedehnte Reise nach Griechenland und in die Türkei unternommen. In Griechenland galt sein Besuch vor allem seinem jüngeren Bruder Otto, der dort als König regierte. Die denkwürdige Begegnung mit dem türkischen Sultan ließ Maximilian in einem der Wandbilder festhalten. Die anderen Darstellungen zeigen Städte, die er auf seiner Reise besuchte. Einige Einrichtungsgegenstände sind Geschenke des Sultans an den Kronprinzen.

The Lady of the Castle's Room and the Oriental Room

Queen Marie's appartment is on the first floor. The so-called Lady of the Castle's Room is decorated with paintings of medieval noblewomen. The Queen's bedroom is decorated and furnished in oriental style in keeping with the fashion. As Crown Prince, Maximilian II had undertaken an extended journey to Greece and Turkey to visit his younger brother Otto King of Greece. Some items of furniture were personal gifts from the Turkish Sultan to the Bavarian Crown Prince.

La chambre des damoiselles et la chambre orientale

Au premier étage se trouvent les pièces de la reine Marie. Le salon, dit chambre des damoiselles, est décoré de tableaux peints sur toiles. Ils montrent comment on s'imaginait à l'époque romantique les damoiselles nobles du moyen-âge: épouse souciante et mère affectueuse, fidèle, reliant foyer et famille de façon pieuse.
A la mode de l'époque la chambre à coucher de la reine fut décorée dans un style oriental. Lors d'un voyage en Grèce et en Turquie, le prince héritier Maximilien I rendait surtout visite au régent de la presqu'île, son frère cadet, le roi Otto.
Quelques pièces de l'ameublement sont des cadeaux du Sultan turque pour le prince héritier bavarois.

La stanza delle castellane e la stanza orientale

Al primo piano troviamo l'appartamento della regina Marie. Il soggiorno, chiamato stanza delle castellane è arredato con quadri, dipinti su tela di lino, che illustrano come in epoca romantica si immaginavano le nobili castellane del medioevo. Secondo la moda, la camera da letto della regina venne arredata in stile orientale. Massimiliano II aveva intrapreso un lungo viaggio in Grecia e in Turchia. Alcuni oggetti di arredamento sono regali personali del Sultano turco.

城主の奥方の間と東洋の間

２階には王妃マリーの住居があります。「城主の奥方の間」と名付けられた居間の絵を見ると、ロマン主義の時代に、中世の城主の奥方がどのようなものと考えられていたかわかります。配慮の行き届いた妻であると同時に愛情深い母、家と家族に忠実で、敬虔－それが城主の奥方のイメージでした。
当時の流行に合わせて、王妃の寝室は東洋風にしつらえられています。マクシミリアン２世は皇太子のとき、ギリシャやトルコまで旅をしたことがありました。家具のいくつかは、バイエルンの皇太子にトルコのスルタンから個人的に贈られたものです。

Den Ring, kein schöner Himmelszeichen,
Sehnt sich die Liebe zu erreichen.

Kronleuchter mit Silber-Schwänen im Burgfrauenzimmer
Chandelier with silver swans in the Lady of the Castle's Room
Lustre aux cygnes argentés dans la chambre des damoiselles
Lampadario a corona con cigni d'argento nella stanza delle castellane
城主の奥方の間にある銀の白鳥の付いたシャンデリア

Das Berchtazimmer, Schreibzimmer der Königin
The Berchta Room, the Queen's study
Bureau de la reine («Berchtazimmer»)
La stanza di Berchta, studio della regina
ベルヒタの間、女王の書斎

Schyrenzimmer: Nürnberger Neptunbrunnen en miniature
The Scheyern Room, Nuremberg's Neptune Fountain in miniature
Fontaine de Neptune à Nuremberg en miniature («Schyrenzimmer»)
Stanza di Schyre: la fontana di Nettuno a Norimberga «una miniatura»
シューレンの間、ニュルンベルクのネプチューンの泉のミニチュア

Büste der Königin Marie im Alter von 25 Jahren
Bust of Queen Marie, aged 25
Buste de la reine Marie à l'âge de 25 ans
Busto della regina Marie all'età di 25 anni
女王マリーが２５歳のときの胸像

Das Orientzimmer, Schlafzimmer der Königin
The Oriental Room, the Queen's Bedroom
La chambre orientale, chambre à coucher de la reine
La stanza orientale, camera da letto della regina
東洋の間、女王の寝室

Der vielteilige »Nibelungenaufsatz« im Heldensaal
The complex Nibelung centrepiece in the Hall of Heroes
Le surtout des «Nibelungen» dans la salle des héros
Le parti del «Nibelungenaufsatz» nella sala degli eroi
英雄の間の「ニーベルンゲンの上飾り」

Der Heldensaal, mit Wandbildern zur Wilkina-Sage
Murals illustrating the Wilkina Saga in the Hall of Heroes
La salle des héros avec les peintures murales de la légende de «Wilkina»
La sala degli eroi con quadri sulla leggenda di Wilkina
英雄の間、ヴィルキーナ伝説の壁画 ➔

Heldensaal und Arbeitszimmer

Der größte Raum im zweiten Obergeschoss ist der Heldensaal, auch Fest- oder Rittersaal genannt. Für das Bildprogramm des Saales wählte Maximilian Szenen aus der Wilkina-Sage, einer umfangreichen Sammlung fantastischer Erzählungen. Unter den zahlreichen märchenhaften Gestalten ist der Held Dietrich von Bern die zentrale Figur – seine Taten werden in den Wandbildern gefeiert – so etwa sein Kampf gegen das Riesenpaar Grim und Hilde. Zwischen den beiden Säulen aus Stuckmarmor in der Mitte des Saales steht ein langer Tisch mit einem mächtigen Tafelaufsatz: dem »Nibelungenaufsatz«, der anlässlich der Vermählung Maximilians mit Marie in Auftrag gegeben worden war.

Die Räume zu Seiten des Heldensaales bewohnte zunächst Maximilian II., später sein Sohn Ludwig II. Der letzte Raum im Besucherrundgang ist das Arbeitszimmer der beiden Könige. Im Erker stehen noch heute Schreibtisch und Lesesessel Maximilians II., kunstvoll aus Zedernholz geschnitzt und mit seinen Initialen versehen. Maximilian war ein gewissenhafter und fleißiger Monarch. Eines seiner Ideale war die Ritterlichkeit. Und so zeigen die Bilder auf den blau gefassten Wänden des Arbeitszimmers Stationen eines Ritterlebens im Mittelalter – aus romantischer Sicht: Hier erleben wir zum Beispiel die heldenhafte Rettung einer Jungfrau aus den Händen des Feindes.

The Hall of Heroes and the Study

The largest room on the second floor is the Hall of Heroes, also called Banqueting or Knights' Hall. Maximilian chose scenes from the "Wilkina Saga" as the theme. The central figure among the numerous fairytale characters is the hero, Thidrek of Verona. Between the two columns in the middle is a long table with a massive centrepiece, so-called Nibelung centrepiece, commissioned on the marriage of Maximilian and Marie. First Maximilian, later Ludwig II, inhabited the rooms beside the Hall of Heroes. The last room of the tour is the Study used by the two kings. Maximilian's desk and easy chair, elaborately carved in cedar wood, with his initials, still stand there.

Il salone dell'eroe e lo studio

Il locale più grande al II piano detto anche delle feste o del cavaliere, è dedicato all'eroe. Massimiliano II scelse come soggetto, per i quadri, scene della «Wilkina-Sage». La figura centrale è l'eroe Ditrich von Bern. Nel mezzo della sala, fra le due colonne è situato un lungo tavolo con un imponente centrotavola commissionato in occasione delle nozze di Massimiliano e Marie, con il cosiddetto «Nibelungenaufsatz». Le stanze a fianco della sala dell'eroe furono abitate dapprima da Massimiliano, poi dal figlio Ludovico. L'ultima stanza che s'incontra è lo studio dei due re. Nello sporto si trovano la scrivania e la sedia a braccioli di Massimiliano, in legno di cedro artisticamente intagliata e munita delle sue iniziali.

La salle héroïque et le bureau

C'est la salle des héros qui est la plus grande pièce au deuxième étage, aussi appelée salle de fêtes ou salle des chevaliers. Maximilien II choisit comme thème pour la salle des scènes extraites de la légende de «Wilkina». Aux peintures murales on trouve, parmi de nombreux personnages, Thierry de Berne en tant que personnage central.

Entre deux colonnes au milieu de la salle se situe une longue table avec surtout, appelé «surtout des Nibelungen». On commanda ce meuble à l'occasion du mariage de Maximilien II avec Marie. Les pièces à côté de la salle héroïque étaient d'abord habitées par Maximilien II, puis par son fils Louis II.

La visite se termine par le bureau des deux rois. Dans l'encorbellement se trouvent le bureau et le fauteuil personnel de Maximilien en bois de cèdre, ornés de façon artistique avec les initiales du roi.

英雄の間と書斎

３階最大の部屋は英雄の間で、祝宴の間、騎士の間とも呼ばれています。マクシミリアン２世はこの部屋の絵のテーマにヴィルキーナ伝説を選びました。描かれた様々なおとぎの形象の中心にいるのが、英雄ディートリッヒ・フォン・ベルンです。部屋中央の 2 本の柱の間にある長いテーブルの上には、マクシミリアンとマリーの婚姻の際注文された「ニーベルンゲンの上飾り」と呼ばれる卓上飾りが置いてあります。

英雄の間のかたわらの住居部分は、かつてはマクシミリアン２世が、のちにルードヴィッヒ２世が住んでいました。見学順路最後の部屋は、両王の書斎です。張り出しには今でも、マクシミリアンの頭文字の付いた、彫りのみごとなヒマラヤスギ製の書き物机と椅子が置いてあります。

Sintram

Saga

Tafelaufsatz vor »Dietrichs Sieg in der Rabenschlacht«
Table centrepiece in front of "The Victory of Thidrek at the Battle of Ravenna"
Le surtout de table devant «le triomphe de Dietrich dans la bataille de Ravenne»
Il soprammobile posto di fronte alla «vittoria di Dietrich nella battaglia di Ravenna»
壁画「大鴉の戦いでのディートリッヒの勝利」の前の卓上飾り

Tafelaufsätze: Brautjungfern (oben) – Figuren aus dem Nibelungen-Lied (unten) • *Detail: Bridesmaids (above) – Figures from the Song of the Nibelung (below)* • *Les surtouts de table: les demoiselles d'honneur (en haut) – figures du chant des Nibelungen (en bas)* • *Vasellame: damigelle d'onore (sopra) – Figure dalla canzone popolare dei Nibelunghi (sotto)* • 卓上飾り：花嫁の介添え*(上)* – ニーベルンゲンの歌の人物たち *(下)*

Holzfigur: Prinzregent Luitpold als Jäger
Wooden figure of Luitpold, the Prince Regent, as a hunter
Sculpture en bois: le prince Luitpold en tant que chasseur
Statua in legno del Principe reggente Leopoldo in veste di cacciatore
木彫：狩人の姿の摂政ルイトポルト

Welfenzimmer: Bilder zu Heinrich dem Löwen
Welf Room, pictures of Henry the Lion
Chambre des Guelfes: images de Henri le lion
Stanza degli Guelfi: quadri che si riferiscono ad Enrico XII, duca di Baviera e di Sassonia, detto «il leone»
ヴェルフの間：獅子公ハインリッヒの絵

Welfenzimmer: Silberteller mit Laib russischen Brots
Welf Room, silver plate with loaf of Russian bread
Plat argenté avec une miche de pain russe («chambre des Guelfes»)
Stanza degli Guelfi: piatto d'argento con una forma di pane russo
ヴェルフの間：ロシアのパンの入った銀皿

➜
Das Arbeitszimmer der Könige
The Kings' Study
Le bureau des rois
Lo studio dei re
王の書斎

Autharizimmer: Bronze-Ampel mit Alabasterschirm
The Authari Room, bronze lamp with alabaster shade
Chambre d'Autharis: lampe avec abat-jour en albâtre
Stanza di Autharis – Lampada sospesa in bronzo col paralume in alabastro
アウタリの間：雪花石膏のシェードの付いたブロンズ製ランプ

Wandgemälde »Solche Hiebe führt Authari«
Wall painting, "How Authari strikes"
Peinture murale «Les coups d'Autharis»
Dipinti alle pareti «I colpi di Autharis»
壁画「アウタリはかくのごとき一撃を与えた」

DEM PRINZREGENTEN LUITPOLD
GEWIDMET VON BAYERISCHEN STAEDTEN

Ehrenschild: Hochzeitsgeschenk an Maximilian und Marie
Shield of Honour, wedding present for Maximilian and Marie
Un cadeau de mariage pour Maximilien II et Marie: l'écusson d'honneur
Piatto: regalo di nozze a Massimiliano e Marie
記念の盾：マクシミリアンとマリーの婚礼の贈り物

Arbeitszimmer: Armlehnstuhl mit geschnitzten Schwänen
Arm-chair with carved swans in the study
Bureau: fauteuil avec des cygnes sculptés
Studio: Sedia a braccioli con cigni intagliati
書斎：木彫の白鳥が付いた肱掛椅子

»Gotischer« Ofen im Arbeitszimmer
"Gothic" stove in the study
Poêle «gothique» dans le bureau
Stufa «gotica» nello studio
書斎の「ゴシック様式の」暖炉

Lesesessel Maximilians II.: Bezug der Rückenlehne
Back-rest cover of Maximilians II's armchair which he used for reading
Fauteuil de lecture de Maximilien II: revêtement du dossier
Seggio di lettura di Massimiliano II: rivestimento dello schienale
マクシミリアン２世の読書用椅子：背もたれ

Glasgemälde zur Hochzeit Kronprinz Rupprechts
Painting on glass, on the occasion of Crown Prince Rupprecht's wedding
Vitrail pour le mariage du prince Rupprecht
Dipinti su vetro per le nozze del Principe ereditario Rupprecht
皇太子ループレヒトの婚礼に際し描かれたステンドグラス

Arbeitszimmer: Erker mit Möbeln Maximilians II.
The study, bay with Maximilians II's furniture
Bureau: encorbellement avec le mobilier de Maximilien II
Studio: sporto con i mobili di Massimiliano II
書斎：マクシミリアン２世の家具のある張り出し

Das Felsenbad
Rock bath
Le bain des rochers
Il bagno nelle rocce
岩の水浴場

Dank

Autor und Verlag danken für die freundliche Genehmigung zur Durchführung der Fotoarbeiten sowie für die Genehmigung zum Abdruck der dabei entstandenen Aufnahmen:

- der Bayerischen Verwaltung der staatlichen Schlösser, Gärten und Seen als dem Eigentümer von Schloss Neuschwanstein
- dem Wittelsbacher Ausgleichsfonds, München, als dem Eigentümer von Schloss Hohenschwangau

Alle Abbildungen im Innenteil sowie die Abbildung auf der Umschlagrückseite stammen von Klaus G. Förg.

Titelfoto: Thomas Jungmann, Landsberg am Lech
Texte: Dr. Michael Rüffer, München
Übersetzungen:
Englisch: Suzanne Frank-Kilner, München
Französisch: Sonia Branchadell, München
Italienisch: Elena Posch, Raubling
Japanisch: Eriko Abe, München
Satz und Repro: lithotronic media gmbh, Frankfurt am Main
Druck und Bindung: BAWA Print & Partner GmbH
Printed in Slovenia

ISBN 3-475-53418-5